JN307501

庫

京都、オトナの修学旅行

赤瀬川原平　山下裕二

筑摩書房

目次

京都、オトナの修学旅行

まえがき

オトナの修学旅行のオトナとは

赤瀬川原平

世の中にはルイ・ヴィトンとかエルメスとかグッチとか、いわゆるブランド物というのがある。

いきなり話が横道からで申し訳ないが、ぼく自身はブランド物はあまり好きではない。人がブランド物を身につけていると、なーんだ、ブランド物か、とばかにしたくなる。パリのルイ・ヴィトンの店に日本人の長蛇の列が、などと聞くと、自分まで恥ずかしくなる。

じゃあブランド物はだめな物かというと、そうではない。虚心坦懐に手にすると、やはりいい物で「さすが」と思ったりする。そもそもはその物が実質的にいいから評判が立ち、それが重なってブランドとして確立していく。ただその先、その名前だけが独り歩きして、その「有名」と「高額」ということだけに群がるミーハー気分が嫌になるのだ。

京都は巨大ブランドである。日本の古都、観光地としての最高ブランド。有名な寺が無数に点在していて、美術品にしても国宝がごろごろ、重要文化財がごろごろである。ブランドでいうと、町中いたるところにルイ・ヴィトン、エルメス、カルティエ、グッチ、プラダといった店の本店がぎっしり。だから日本人は当然群がる。となると、いわゆるミーハー気分の充満ということになるわけで、それにうんざりする人びとは多い。そのうんざりのあまり、京都の有名美術物件、歴史物件をはなから相手にしないということにもなっているんじゃないか。ぼく自身、金閣にしろ清水寺にしろ、桂離宮、平等院など、もろもろの存在はあまりにも有名で、記号的に知り過ぎていて、もうあえて見る必要はないと、漠然とそう思っていた。

でもよく考えたらそれは記号として知っているだけで、まだちゃんと見たことがない。これはちょっとまずいんじゃないか。まずいというよりもったいないんじゃないか。ミーハー気分を嫌うのはいいけど、結局はその優れたいいものをミーハー一族に奪われてしまう。そうして下手をすると、インテリの落とし穴に落ち込む。

一般に知識自慢に向かう人は、有名を避け、無名の発掘という功名心にかられるあまりに、燈台もと暗しになる癖がある。それはそれでまた嫌なことだ。

よし、じゃあひとつ、ここはミーハー気分を恐れずに突入して、分厚いミーハー気流を突き抜けた先で、京都の名品類に接してみよう、というのでこのオトナの修学旅行がはじまった。

　横道からの入り口が長々とつづいて申し訳なかったが、この修学旅行はぼくにはじつにうれしい事件だった。

　日本では小・中・高校の卒業を前にして、全校生徒で修学旅行に出るという風習がある。にも拘わらず、ぼくは一度も修学旅行に行ったことがない。小学生のときは夜尿症で、中学生のときは貧乏で、高校生のときは反抗心で、いずれも経験しなかった。いまは大人になって夜尿症も治り、貧乏も今回は取材ということで連れて行ってもらえるわけで、反抗心も、まあそう簡単には爆発しないように扱いがわかってきている。

　しかし、ところで、このオトナの修学旅行というのは当然ながら子供たちの修学旅行のパロディとして生まれた言葉だけど、考えてみて、そして実行してみて、じつはこのオトナの修学旅行こそが本筋なんじゃないかとつくづく思う。

　今回の取材中にも、あちこちのお寺で子供の修学旅行団にはよく遭遇した。みんな列になってお寺の廊下や仏像の前をぞろぞろと通過していくわけだが、それらを興味ある目で見ているところにはあまり出会わなかった。みんな仕方なく歩いている感じが強かった。

もちろん彼らの内実は見かけだけではわからぬものだが、でも自分の小・中学時代の経験に照らしてみても、あの年齢で日本の古美術に接して、ストレートに実感できるものではないだろう。

いまは洋服を着て、椅子で食事をして、テレビのキラキラが当たり前になっている現代人の目には、日本美術は地味で、無口で、とっつきにくい物だ。こんな古ぼけた薄暗い物のどこがいいのか、と思うのが正直なところではないかと思う。とくに自分を工夫できない子供にとっては。

しかし子供と違って大人は、それまでの人生の中でたくさんの経験を重ねてきている。苦しみも悲しみも幾年月で、明るい良さだけでなく暗い良さ、はっきりした良さだけでなくあいまいな良さといった、ものごとには裏の裏の裏があることを経験してきている。そういう、要するに酸いも甘いもかみ分ける人間となってきたところで、襖絵とか仏像、お寺の造作などの味わいを感じられるようになるのではないか。

日本人が日本の古典を見るには、西洋人が西洋の古典を振り返るのとは違うむずかしさがあるのである。これは明治以降、とりわけ大戦後の日本文化の激変の中にいるものとして致し方ない。

いずれにしろ日本美術を見るには、オトナであることが必要だと思う。知識が必要ということではない。物に対する感覚的な経験がどうしても必要なのである。ちょっと話が理屈回りをしたが、とにかく京都修学旅行は、ぜったいにオトナになってからがお勧めである。子供の修学旅行も、各寺院には財源として必要ではあるけど、あれはまあ初体験というか、ご挨拶みたいなもので、そのあとちゃんとオトナになってから裏を返さないと、なんにもならない。誰でも、「京都、オトナの修学旅行」を実行してみれば、ああ子供のときの修学旅行はもったいなかった、ただぞろぞろ歩いただけで、と思うはずだ。

よく日本の美術を話すとき「精神性」みたいなことがいわれるけれど、それが確かにあるのである。精神性といっても別に恐れ多いだけのものではなくて、日本の作品独特の弱い形といえばいいだろうか。西洋の作品には絶対性の強さがあるから、それ自体で力を発揮している。でも日本の作品は、それ自体では出てこない物が多く、見るものが気持の上で近寄って行ってはじめて見えてくる。こちらが見る力を出してはじめて作品の力が返ってくるというか、ピンポンやテニスみたいに、ただじっとしていては何もはじまらない、というような性質があるのである。

さっきからいっているオトナとは、そういう相対性の一方に立つことでもある。子供のつぶらな瞳はもちろん終生重要なことであるけれども、つぶらの絶対性に対する、いわば相対性のヨゴレ的な要素がいるのである。

これを読んでいる人はおそらく大人で、すでに相対性というか、可変的というか、ヨゴレ的なものを有するだろう。その一方で、何枚かウロコを落とせば、埋蔵されたつぶらな瞳がにょっきり出てくる。日本美術応援団は、いつもそんなことを感じながら、修学旅行に励んでいたのであった。

「むきだし」の金は今日もリニューアル中

金閣

いにしえの京の都。歴史が刻まれた神社仏閣。
観光客は、古色をたたえた空間を期待する。
ところが、まったく古色を帯びていないのに
人気ナンバーワンという名所がある。
世にいう「金閣寺」、正確には「鹿苑寺の金閣」。
金ピカに魅せられて来る人びとの前に、
その美貌を惜しげもなくさらしている。

The Excursion
For Adult

金閣

きんかく

禅宗寺院としての名称は鹿苑寺。この地はもと西園寺公経の別荘北山第のあったところで、応永４年（1397年）、足利義満がそれを譲り受けて山荘北山殿を造営した。応仁の乱にも焼失をまぬがれたが、昭和25年（1950年）に炎上し、その後５年の歳月をかけて再建された。金閣の前には鏡湖池があり、この池を中心にして、大小の島や名石を配し、衣笠山を借景とした広大な池泉廻遊式庭園。

京都市北区金閣寺町
１番地
電話／075・461・0013
拝観／9時〜17時
休み／無
料金／大人400円
駐車場／有（100台）
写真撮影／堂内は不可
外観はスナップ写真程度なら可
交通／市バス12、59系統で金閣寺前下車すぐ。または204、205系統で金閣寺道下車、徒歩３分

山下　赤瀬川さん、金閣って国宝じゃないって、知ってました？
赤瀬川　えっ。それは燃えたから？
山下　そう、燃えたから。昭和二十五年七月に放火で。
赤瀬川　じゃあ燃えるまでが国宝だったの？
山下　昭和二十五年に文化財保護法が施行されて、戦前の旧国宝・重要美術品の類の指定件数をうんと減らして指定をし直したんです。金閣は新国宝に指定された直後に焼失して、それと同時に国宝じゃなくなったんです。
赤瀬川　あっ、そう。
山下　でもみんな漠然と国宝だと思っていますよね。
赤瀬川　そりゃ、思ってるよねえ。
山下　ひょっとして、いま金閣の観光に来ている人たちに聞いてみたら、燃えたってことすら知らない人のほうが多いんじゃないかな。金閣炎上は五十年前の話ですから。
赤瀬川　三島由紀夫の『金閣寺』や水上勉の『金閣炎上』を読んでない人も多いし。ぼくは新聞記事を読みましたけど。
山下　そうか。赤瀬川さんは読めたわけですね。昭和二十五年というと赤瀬川さんは……。

赤瀬川　えーと、十三歳か、子供だ（笑）。犯人の小僧が逮捕されたときに、寝転がって煩悶《はんもん》していた写真が日に焼きついています。

山下　日本画家の川端龍子《かわばたりゅうし》が金閣炎上の絵を描いてます。あれを見ると、きれいだったろうなと思ってしまいますね。

赤瀬川　入ってすぐの池のほとりに「正面の建物は『金閣』です。金閣寺ではありません」という立て看板があったのには驚きましたね。

山下　写真撮りました？

赤瀬川　もちろん撮りましたよ。

山下　金閣って、いまはこの建物のイメージだけが流通してますけど、もとはまわりにいっぱい別の建物があった。足利義満《よしみつ》がつくった「北山殿《きたやまどの》」っていう別荘だったんですね。つまりお寺じゃなかった。義満が亡くなったあと、建築物がいろいろなところへ移されてしまって、応永二十七年（一四二〇年）頃、鹿苑寺《ろくおんじ》という相国寺《しょうこくじ》系のお寺になった。

赤瀬川　つまり鹿苑寺にある金閣という建物なんですね。

山下　金閣は舎利殿《しゃりでん》だったんです。これは手彩色の写真で、明治何年頃のものかはわからないけれど、金閣の後方には、かつて「天鏡閣《てんきょうかく》」と言われた建物があった。それがまさしく接待空間で、部屋中に中国からの輸入品、いわゆる唐物《からもの》をごてごてと並べて、天皇を招いて宴会をするのが一番のハイライトシーン。鏡湖池《きょうこち》を舟に乗って遊覧したんでしょう。ここは義満の権力を誇示する空間だったわけです。

赤瀬川　ふつうのお寺は素木《しらき》に古色《こしょく》がついてその風情をいいなと思うんだけど、金閣は金だから古びてなくて当たり前と思ってる。不思議な物件ですよね。

山下　解説書によれば、一層が蔀戸《しとみど》のある素木の寝殿造《しんでんづくり》風で、二層が武家風で、三層が禅宗様《ぜんしゅうよう》でということになるんだけど、そんなこと知らなくても造形的に面白い。アンバランスなようで妙にバランスがとれてる。

赤瀬川　ちょうど金梨地《きんなしじ》にレザー貼りのカメラみたい。しぼの入ったレザーと金属ボディの山下さんのライカM6に似てますね。金属性の直線的なイメージと、柿葺《こけらぶ》きのやわらかい屋根の曲線という組み合わせが現代的で、いいですよね。いまだったら金属で建てて金メッキしてしまうでしょうね。

山下　そこへ、今日は入れていただいたわけですからね。

赤瀬川　とにかく中に「入れた」という感動と、申し訳ないという感じが大きいですね。

山下　それも動物園のサル山のサルみたいに、二層から三層へ昇るところを、みんな

「みなさん、ゴメンナサイ」というポーズをとりながらも、にやけてしまう山下クン

に羨望の目で見上げられながら、ね。みなさん入ってみたいわけだから、ほんとに「ゴメンナサイ」って感じでしたね。

赤瀬川　でも、金色ごしに池の水面が見えたというのは感動でした。

山下　ぼくは二層の扉の内側に蟬の形の止め金具があるのを発見して、うれしかったなあ。こんなところに注目するのは、われわれぐらいでしょうけど。

赤瀬川　二層は天井がすごく低くて、中は金を貼らずに壁とゆかは黒漆《くろうるし》塗り。三層は中も金貼り。漆にしろ金箔《きんぱく》にしろツルピカでしょ。ツルピカの美学というのは現代そのものですよ。中は立入禁止だから未使用未開封。中古カメラでいうと「新同《しんどう》」、新品同様（笑）。全部節《ふし》のない木曾檜《きそひのき》で再建したそうですね。節のない木というのはすごく高級なんだけど、逆に節がまったくないと材質感がなくなって、下手すると安っぽい新建材に間違えられちゃう。昔はまわりが粗雑だからそういうのが輝いていたんですね。いまは金メッキの普及で、金ピカの価値がなくなったけど、この時代は金箔なんてまさに輝いていた。そのギャップが面白かったですね。それがそのまま「現代」になっている。

山下　でも考えてみれば、古色で売らずにこれだけの人を集めているお寺というのは、日本中で金閣だけじゃないですか。中尊寺金色堂《こんじきどう》というのはあるけど、あれはカプセルみたいに入れ子《いこ》になっている。これだけ剝《む》き出しで……。

赤瀬川　剝き出しというのがすごいと思う。金の剝き出し。だって風雪にさらされているわけでしょ。虫がつくわクモの巣が張るわで、メンテナンスも大変だとおっしゃってた。ふつう自分の家にある金製品は大事にしまい込むでしょ。そういう金を剝き出しにする、というのは一種の〝乱暴力〟ですね。建造物だからしまうことができないという在《あ》り方《かた》自体が、運命的な乱暴力を持っている。風雨にさらされるものを金でつくるというのは誰の発想か知らないけれど、すごいですね。

山下　おそらく義満の発想ということになるわけですが、その発想は後世に伝わらなくて、古色を帯びさせてしまったのが、たまたま失火したことによって……。

赤瀬川　それが運命だったんだとぼくは思う。金閣の持ってる本質というか。金というのは溶かして形が変わっても、また金に戻る、いわば不滅のもの。たまたま、明治三十七年に解体修理したときの図面が残っていたから、焼けたあと復元できたんだと江上泰山《えがみたいざん》執事長が言われたけれど、考えたら伊勢神宮と似たようなところがあって、伊勢神宮の場合は人為的に解体して、木材を新しくしながら形を保持している。それとはからずも似てくるわけで、まして金でしょ。古びてはいけないんですから。

山下　だから十三年前に一年十ヶ月をかけて全面的に補修して、その後も金が古びな

金閣の三層で喜びの笑みを素直にたたえる赤瀬川クン

いように、つねに部分修復を続けてる。補修前の金閣は古色があるんですよ。補修の時点で「築三十一年」なわけだから。だから昭和五十年代の美術全集を見ると、いまのように金ピカじゃない。

赤瀬川　どれどれ。ほんとだ、全然違うね。でも、これもいいけどね。

山下　とすると、再建前の、焼けた金閣はもっと古色がついていたわけですよ。執事長さんのお話によれば、昭和三十年の再建時に使った金は二キロで、十センチ角の金箔にして十万枚だったけれど、昭和六十一年の補修では金箔二十万枚で二十キロ、修理代全部で当時七億円のお金を使ったということでしたね。

赤瀬川　それと、絵描きが使う金箔みたいに、金閣も金箔を購入して貼るのかと思ったら、金のかたまりを仕入れて金沢で箔に仕上げているというのは意外な話でしたね。

山下　義満の時代にどれぐらい金を使ったのかはわからないけれど、昔の日本は「黄金の国ジパング」だから、実際に金が大量にとれたんです。

赤瀬川　マルコ・ポーロによれば道路が金貼りだった⁈

山下　金閣も拝観通路を金にしたらいいかも。

赤瀬川　砂利を一個一個、全部金箔で包んでね（笑）。

山下　人間は本質的に金に対する偏愛を持っていると思うけど、日本人の場合はまず、平安以来の浄土信仰の中で西方浄土《さいほうじょうど》のイメージが金だった。だから金を手にできた人は、それをいろいろな装飾に使って、浄土に行けるように願った。金閣および庭園は、浄土信仰の思想と新来の神仙思想を折衷した別荘なわけです。義満は対明《たいみん》貿易で巨万の富を得て、中国からは「日本国王」という称号をもらっています。義満ほど実質的な権力を一人の人間が握ったという例は、それまでほとんどない。要するに金閣は勘《かん》合《ごう》貿易によるバブルの象徴なんですよ。

赤瀬川　秀吉の黄金の茶室もね。

山下　ところが、そこに利休みたいな人が現れた。秀吉にとって最後まで敵《かな》わないイヤな相手だったと思いますよ。金に満ち満ちた世界を逆手にとって、あんなことやったわけですから。それにしても、日本人の金に対する偏愛は連綿として続いているんです。屛風《びょうぶ》を見てると、よくわかりますよね。

赤瀬川　金屛風は中国にもあるんですか。

山下　基本的にはないですね。ぼくはいま台湾で金屛風の展覧会を開く計画を進めているんですけど、中国の人はあまりそういうのを知らないと思う。

赤瀬川　終戦直後くらいまで、総金歯をぞろりと入れて誇らしげにしてる人がいましたよ。

山下　金歯！　にたっと笑うと金歯が光る（笑）。金歯って死語ですよね。でもバブルの頃からくらべると、日本人が身につける金製品はあきらかに少なくなりましたよ。

赤瀬川　金の価値が下がったからでしょうね。アクセサリーにしても金よりプラチナやシルバーを選ぶ。

山下　いまの若い人の間では、シルバーでモノトーンのほうが圧倒的に流行《はや》ってますね。バブルの頃は、ぼくの授業にも金ボタン系のボディコンの女子大生が多かったけど。

赤瀬川　金というとどうしても成り金的というか、経済価値の誇示の要素が前面に出てくる。銀というのは高級な感じはするけど経済価値の誇示につながらないでしょ。

山下　モノクロームのような金、ですね。金閣という名前もストレートでいいですよね。でも金閣のように「金のモノクローム」を感じさせるものは、ちょっと他にないよね。

明治の頃から「攻めの観光」

山下　ぼくはいまの金閣に古色がないというところに妙に魅力を感じます。日本人の寺とか仏像とかに対する訳知り顔の古色趣味というのは嫌いだから、逆にいっそ気持ちいい。

赤瀬川　金閣はむしろいったん燃えたから、金ピカに対する大義名分というか、錦の御旗《みはた》を持っているって感じですね。

発見！金閣二層目の扉の金具に蟬が

山下　多くの人の欲求を満たしています。ただ、変な言い方だけど、再建だし金ピカなので、美術という範疇《はんちゅう》には入っていないわけです。しかも指定品ではないので、美術全集とか国宝全集とかからは落っこちてしまう。銀閣は入っても。

赤瀬川　そうするとこのお寺には国宝は一つもないんですか。

山下　重要文化財はありますが、国宝はありません。義満が所蔵していた牧谿《もっけい》とか玉澗《ぎょくかん》、梁楷《りょうかい》といった当時最高の中国絵画は、たしかにこの北山殿の会所《かいしょ》の空間にずらっとかけられていたはずなんですが、その後、戦国大名が分捕《ぶんど》り合戦しちゃった。それでも少しは残っていたと思うんですが、相国寺系の美術品が明治期に相当流出していることはたしかです。廃仏毀釈《はいぶつきしゃく》で、しかも皇国史観からいうと北朝方の足利氏は逆賊《ぎゃくぞく》なわけだから、明治の頃は大変だったでしょう。

赤瀬川　明治三十三年にいちはやく観光化した、というのも面白い話でしたね。

山下　その頃、金閣だけじゃなくて、それまで知られていなかったお寺なんかを一般に開放して見せるという動きが出はじめたんです。出開帳《でがいちょう》はあったけれど、寺に拝みに行くんじゃなくて、観光として見に行くという習慣は基本的にはなかったから。

赤瀬川　とにかく見に来てもらおうというので、CMソングをつくって、芸子《げいこ》さんに覚えてもらって、糸偏《いとへん》景気で遊びに来る旦那衆の前で唄わせたという。

山下　執事長さんのあの話、面白かったですね。「京の金閣寺を拝見なしたかご覧《ろう》じなしたか、楠《くすのき》天井の一枚板ではないか、萩の違い棚、南天床柱《とこばしら》、名所名所」で、金閣最上層の天井と、金森宗和《かなもりそうわ》好みの茶室・夕佳亭《せっかてい》の棚と床柱をちゃんと読み込んであるんですね。

赤瀬川　名所名所というところが、いかにも、でいいですよ。

山下　五銭の拝観料で金閣にも入れて、夕佳亭でお茶を飲みたい人はもう五銭。出し惜しみしない伝統は、いまも生きている。秋だけ特別拝観という非公開寺院が多い中で、金閣は観光に徹している姿勢がぼくは好きです。執事長さんは、平成十四年の初春に柿葺きの屋根を修復するときには、足場を組んで、お客さんに修復作業を見てもらえるようにするとおっしゃってましたよね。執事長さんの「これからは『攻めの観光』」っていう言葉が良かった（笑）。

赤瀬川　そうですよ。職人技の現場を見せるというのはとてもいいですね。ぼくも見たい。

山下　日本人にとって文化とか美術とかいうものは、やはり観光とセットなんですよ。パリに行けば必ずルーブル美術館へ行くけど、東京に住んでる人はまず、東博（東京国立博物館）に行かない。

赤瀬川　修学旅行というのはあまり意味がないと思うけれども、京都の財源になっていることだし、そういう意味もあるんだね。

山下　きのうは二条城を見に行ったけど、修学旅行生は誰も二条城の襖絵《ふすまえ》を見てなかったでしょ。それにくらべると、金閣は一点集中型だから来た人は必ず金閣を見る。そして、何らかのイメージを持って帰る。未知のものに対して「わっ、すごいな」と思う人は、ほとんどいないんです。ほんとは、未知のものを発見して、自分が選びとった価値にしてほしいけれど、悲しいかな、日本人はとくに既知の保証された価値を確認して安心する。金閣は、その確認作業によく応《こた》えていますよ。

赤瀬川　執事長さんも、みんな金に魅《み》せられて見に来るんだからその期待に応えなくてはいけない、という使命感を持っておられる。

山下　ぼくはすごくいいことだと思う。護符《ごふ》売り場にキティちゃんのお守り袋があったでしょ。観光客が欲しがるものに応えるという姿勢に一貫性があって、ぼくは好きです。

じつは若冲もあるぞ

山下　鹿苑寺の重要文化財の中に、ぼくの好きな伊藤若冲《じゃくちゅう》の襖絵があります。今日、承天閣《じょうてんかく》美術館で見た「葡萄図《ぶどうず》」と「芭蕉図《ばしょうず》」がそれで、もともと鹿苑寺大書院の床《とこ》貼付《はりつけ》の絵なんです。

赤瀬川　なぜ金閣に若冲の絵があるんですか。

山下　若冲が大典顕常《だいてんけんじょう》という相国寺のお坊さんとつきあいが深かったからで、一七五九年に大書院の水墨障壁画《しょうへきが》五十面を完成させました。若冲という人は錦小路《にしきこうじ》の裕福な八百屋の息子で、四十歳で弟に家督《かとく》を譲《ゆず》って隠居して、自分は毎日絵ばっかり描いていた人です。絵でしか自己表現できないタイプの人。

赤瀬川　あの絵は良かったですね。いまの人間にそのまま通じます。

山下　学生に見せても若冲の絵が一番わかりやすいと言いますね。若冲は当時から人気があって、「平安人物誌」という当時の人気番付みたいなものを見ると、応挙《おうきょ》が一番で、若冲は二番に入っています。ちなみに三番が大雅《たいが》で次が蕪村《ぶそん》。赤瀬川さんは芭蕉の絵と葡萄の絵と、どっちが好きでした？

赤瀬川　両方好きだけど、どっちかをあげると言われたら、そうね、芭蕉の絵は一見しただけで「わっ、すごい」と思うけど、葡萄の絵のほうが楽しめますね。見ているうちに葉に虫食いがあるのを発見したり、見えてくるものが多い。その遊び感覚がいまに通じるんですよ。でも展示中の仏教美術の中に、若冲の色鮮やかな三尊像《さんそんぞう》の大幅《おおぶく》がかかっていたでしょ。ああいう絵も描くんだなと思って、ちょっと変な気がした。

山下　あの「釈迦《しゃか》三尊像」は模写に近いもので、あの三幅と「動植綵絵《どうしょくさいえ》」三十幅を相国寺に寄進したんです。当時の画家は着色の細密画も、水墨画も両方描けて当たり前だった。狩野《かのう》派なんかもみんなそう。

赤瀬川　ぼくは最初に長谷川等伯《とうはく》の水墨画を見て日本美術が好きになったんだけど、大徳寺の金毛閣《きんもうかく》に上げてもらったときに塗りたてのペンキ絵みたいな等伯の画があって、ショックでしたね。だけど、長編小説も書くし、エッセイも書くと考えればいいわけですね。芯があって、それをどうふくらませるかによって現れる形が違うだけで。

山下　その芯を一つ持ってるかどうかなんですね。若冲は持ってた。鹿苑寺には若冲の襖絵がもっとあるので、当初の状態で見られたらいいと思うんですけど。でも、書院で公開したとしても、修学旅行生は見ないかな（笑）。古美術好きの人は、金閣の帰りに相国寺に行って、承天閣美術館をのぞくといいですね。金閣と銀閣の宝物《ほうもつ》は、本山《ほんざん》である相国寺に保管されてますから。今日特別に見せてもらった墨跡《ぼくせき》や茶道具なんかも、企画展によっては見られるかもしれません。よくできた金閣の模型もありますしね。

ゼネコン狩野株式会社の大仕事

二条城

京都は城下町ではない。でも京都には城がある。
城と言えば、空に向かってそびえたつ天守閣。
えっ、そんなのあったっけ？
徳川家康が建てた二条城に、かつての天守閣はない。
もっぱら有名なのは、二の丸御殿の金碧障壁画。
城というより、障壁画の展示場みたいだ。
この障壁画に腕をふるった狩野探幽って何者？

The Excursion
For Adult

二条城
にじょうじょう

慶長８年（1603年）、徳川家康が京都御所の守護と将軍上洛の際の宿所として造営し、その後、寛永３年（1626年）、三代将軍家光が後水尾天皇を迎えるための大改修がおこなわれた。国宝の二の丸御殿は、桃山時代武家風書院造り。登城した大名の控え室「遠侍」、大名が老中と挨拶を交わす部屋「式台」など、部屋数33、畳は800畳余りという壮大なスケール。

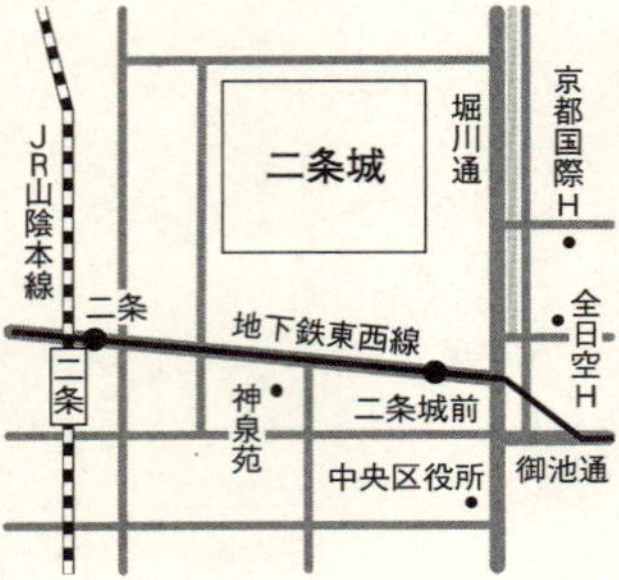

二の丸御殿
京都市中京区二条通
堀川西入ル二条城町
電話／075・841・0096
拝観／８時45分〜16時
休み／12月29日〜12月31日
料金／大人600円
駐車場／有（140台）
写真撮影／内部は不可
外観はスナップ写真程度なら可
交通／市バス９、12、50、67、101系統で二条城前下車すぐ。または地下鉄東西線二条城前駅下車、徒歩１分

山下　赤瀬川さん、二条城ははじめてですか。

赤瀬川　ぼくは二回目です。一回目は「利休」の映画を撮る前にシナリオ・ハンティングで行きました。

山下　「利休」（赤瀬川原平・勅使河原《てしがわら》宏《ひろし》共同脚本）は何年でしたっけ？

赤瀬川　構想から三年くらいかかってるけど、公開はたしか一九八九年。考えてみると、二条城ができた頃には利休はいないんですよね。だけどその近辺の時代ということで行った。二の丸の切妻《きりづま》の格子が妙に印象に残ってます。これがお城なのかなと、それがとても不思議だった。

山下　天守閣がないわけですからね。一七五〇年に雷が落ちて焼けてから。

赤瀬川　それに関ヶ原の合戦のあとに家康が建てたとすると、もう戦争の時代ではないんですよね。

山下　そう。大坂夏の陣、冬の陣の前の一六〇三年頃に完成して、家康はここから出陣しています。そのあと家光の時代に大規模な拡張工事をして、本丸、二の丸と天守閣を建てた。その当時のまま残っているのは二の丸だけですが。

赤瀬川　ただお城というとどうしても山城《やまじろ》をイメージするから、平野にある、ことに京都の町なかにあるというのも不思議だった。あのときは二の丸だけで、奥のお堀や本丸跡を見なかったから、京都のお城というのはこういうものなのかなと。

山下　戦うための城では全然ないですからね。それに、一六三四年に家光が江戸から大軍を率いてやって来てから二百年以上ずっと使っていなかった。四、五十人の二条在番と呼ばれる留守番がいただけ。その番人たちが暇《ひま》にまかせて彫ったのが、今日最後に見た西門の落書きなんです。

赤瀬川　ほんとに使ってなかったんですか。

山下　そうです。まるっきり。最後に徳川慶喜《よしのぶ》が大広間で大政奉還《たいせいほうかん》をして、そのあと二条城は朝廷のものになってしまった。いまは京都市の管理ですけど。

赤瀬川　あれだけのものを使わないってのはもったいないなあ。もうちょっとはやく

タイムスリップしている無料休憩所がもうじき改装されるというのはいかにも惜しい。そこで売られていたのが、わざわざ「実用向」とはっきり明記された「二条城お盆」550円。高いのか、安いのか……？
（結局改装はされず、現在も当時と同じ）

生まれてあそこをアトリエにしたかったなあ（笑）。

山下　その〝使われなさ〟ってすごいですよね。だから残ったんですよ。城郭建築であれだけの規模の障壁画がそっくり残っているのは二条城だけ。そういう意味では稀有《けう》なものだと思います。

ゼネコン若社長、狩野探幽

山下　最初に二の丸の中を見たときの印象は？

赤瀬川　薄暗いところで何か見たような気がするけど……。

山下　襖絵の記憶ってほとんどないでしょ。

赤瀬川　絵柄についてはないですね。まさに修学旅行で（笑）、みんなのあとについてぞろぞろと歩くだけ。うぐいす張りの廊下のキュッキュッって音は覚えてます。

山下　修学旅行生で、絵の印象が残る子はほとんどいないと思う。

赤瀬川　まずいないでしょう。皆無《かいむ》かもしれない。今日も絵を見てる人はほとんどいなかったですね。でも、あのドイツ人の団体は熱心でしたね。懐中電灯で照らしながら見てたから、よほど好きな人たちなんだね。

山下　懐中電灯持参には、やられたって感じでしたね。

赤瀬川　学芸員の人が、西日が入ると部屋が明るくなって絵もきれいに見えるって言ってましたけど、今日は曇っていてだめだった。たしかに金碧《きんぺき》にはそういう作用があるのかな。

山下　金って写真を撮るときに露出を計るとわかるように、反射率が全然違う。完成した当初はもっと金ピカだったわけだから、そういう反射効果を狙っているのはたしかですね。この御殿はまず人を圧倒するのが目的でつくったものだから、ものすごく政治的な意図ですよ。

赤瀬川　それは如実《にょじつ》に感じた。やっぱりあちこちの大名に対してかな？

山下　それもあるけど、二の丸御殿は家光が後水尾《ごみずのお》天皇を迎えるために建てたと言ってもいい。要するに二条城はゼネコンの仕事なんですよ。おそらく数十人から百人の絵師や職人がかかわっていたでしょう。でなければ二、三年でこんな仕事はできない。かれらには他の請負《うけおい》仕事もあるんだから。

赤瀬川　ゼネコンか。なるほどね。

山下　その狩野株式会社の若社長が二十五歳の狩野探幽《かのうたんゆう》だった。

赤瀬川　えっ、二十五歳！　考えられないなあ。ぼくが二十五歳の頃というと、裁判か……？

山下　千円札事件のね（笑）。探幽はお祖父《じい》さんが永徳《えいとく》で、お父さんが次男の孝信《たかのぶ》。永徳は信長・秀吉の御用を務めて、安土城や大坂城、聚楽第《じゅらくだい》の襖絵を描いた大スターだった。そのお祖父さんが四十八歳で過労死しちゃって、お父さんも若くして死んでしまうので、一族の期待を一身に背負っていたわけです。で、十一歳の頃に駿府で家康に謁見《えっけん》して、そのあと江戸へ行って、秀忠の前でさらさらと絵を描いてみせたらしい。十一歳というと、満十歳だから小学校五年生ですよ。

赤瀬川　すごいですね。

山下　探幽の生まれた時期は、ちょっと前に関ヶ原があって、天下がどっちに転ぶかわからない不安定な時代だった。美術史家は〝三面作戦〟って言うんですけど、狩野派は豊臣方と徳川方と朝廷方と三方位に一族を配していたわけ。

赤瀬川　いまで言うと電通ですね。

山下　そう電通。うまいこと言いますね（笑）。徳川方を託されていた探幽は、幕府にうまくとり入ったので、狩野派は幕末まで安泰だった。狩野家初代の正信《まさのぶ》の生まれた室町初期から数えると、幕末まで血縁が四百年続いている。四百年も一つの家系が続いている絵描きの家なんて、世界中探してもないですよね。

赤瀬川　ぼくが最初に好きになった日本画は雪舟《せっしゅう》の達磨《だるま》と等伯《とうはく》の猿の水墨だから、探幽はどうもピンとこなかったんだけど、探幽をゼネコンと表現されると理解しやすい。

山下　お祖父さんの永徳と等伯がまさに同世代で、ライバル同士です。能登の田舎から出てきた等伯は、永徳に対するコンプレックスのかたまりみたいだったけど、一代でがんばって狩野派に対抗する勢力を築き上げてしまう。それで秀吉に気に入られて、鶴松君の菩提寺の障壁画《しょうへきが》を頼まれた。ところがゼネコンには敵《かな》わないわけですよ。しかも息子が二十六歳で早死にしてしまうので、長谷川派はいちおう存続するけど、じり貧でね。

赤瀬川　等伯にはゼネコン的な組織がなかった。それに水墨画だし。

山下　いや、等伯が秀吉のために描いたのは金碧障壁画ですよ。いま智積院《ちしゃくいん》にある「楓《かえで》図」や「桜図」がそれですから。当時の画家は水墨も、キンキラキンも両方描けてはじめて一人前とされたんです。

赤瀬川　でもぼくらのイメージとしては等伯といえば水墨画と思うよね。そうか、狩野派がウインドウズで等伯はマッキントッシュね。

山下　そうそう。探幽はウインドウズ98が出て、ほぼ独占体制ができたあとで、さらに新しいソフトを開発して磐石《ばんじゃく》にしたという感じ。だから江戸時代に狩野派に入門するというのは、画家にとって公務員試験を受けるみたいなものだった(笑)。

チームプレイ、個人プレイ

山下　そういう一つの権威になってしまった江戸期の狩野派はとるに足りなかった、という言い方がずっとされてきたけど、最近では再評価の傾向が強いんです。探幽の絵だって面白いものがあるよって。こんなカワウソなんて描いてたり。

赤瀬川　いいですね。ハツラツとしてて。

山下　いいでしょ。これはトマトの絵。日本でもっともはやく描かれたトマトかもしれない。

赤瀬川　こういう習作のは力《りき》んでないでしょ。たんに好きで描いてるから良さがひょいと出る。それに、日本画って光と影を描かないけれど、これは描いてますよ。このスケッチを見ていて思い出したんだけど、印象派のさきがけと言われるコローも、森の絵とか大衆の喜ぶ絵が上手だったから、森の絵の大家と言われるようになってしまった。でもそうじゃない絵も描いてて、死んでからとてもいい小品がたくさん見つかったんです。

山下　プライベートな作品には個人の人間味が出せる。だけど予算いくらで画題はこれ、納期はいつと決まったゼネコンの仕事には人間味の出しようがないでしょ。逆に障壁画なんて個人が出ちゃだめなんですよ。だけど明治以降、芸術というのは個人だという西洋美術の定規《じょうぎ》を、日本美術にも当てはめちゃった。そこで、西洋美術史でアトリビューションと言われる作家名の特定を日本美術史もやらなければいけないということになって、二条城でも、式台《しきだい》の間の松の絵は探幽で、黒書院《くろしょいん》は弟の尚信《なおのぶ》で、というように作者名が特定されていったんです。たしかに部屋ごとに誰が中心になったかということは推定できるけれども、この絵は誰と決めたって、あんまり意味がないですよ。

赤瀬川　チームプレイですね。狩野派というのはお茶とかお花みたいな一つの流派だから、そこで個人というのは意味がないといえばない。

山下　探幽は鑑定で持ち込まれた古い絵を全部ノートに写しているんです。「探幽縮図」と言って、ものすごい数が残ってる。これだけたくさん古い絵を写した人はいないんじゃないかな。こういうメモはさらさらと筆が動いていて技術もさすが。

赤瀬川　ぼくもつげ義春さんの漫画を模写したときに思ったけど、ただ見ているのと、絵筆を持って描こうとして見るのと違うんですよ。描くという力学に沿って見ていく

花や実をスケッチした「草花写生図巻」に描かれているトマトの絵（狩野探幽「草花写生図」東京国立博物館蔵
Image : TNM Image Archives
Source : http://Tnm Archives.jp/

「遠侍」と呼ばれる部屋の襖に描かれた竹虎図。当時日本に虎はいなかったので、「虎の毛皮を見て描いたものと言われています」という説明がされているのだが……
（写真提供／元離宮二条城）

から、ふだん見えないことが見えてくる。

山下　狩野派の修業なんて模写することだけですからね。ぼくの時代でもそういうことはありました。自然描写より、まず模写ですよね。

赤瀬川　一種の精神修養の意味もあるわけでしょ。

山下　自然描写なんてほとんどしてないですよ、ありきたりの狩野派の画家は。

赤瀬川　でも絵のはじまりは、まず、ものを描写することからでしょ?

山下　でもね、赤瀬川さんと昔いっしょに見た熊本のチブサン古墳の壁画。あれは何かを見て描いたというものではないでしょ。

赤瀬川　あれは全然違う。あれは完全に抽象図形だね。

山下　見たままを素直に描くというのは西洋近代的な考えですよ。「遠侍《とおざぶらい》」の虎の絵に「虎の毛皮を見て描いたものと言われています」と解説プレートがあったでしょ。たしかに生きた虎を見たことはなくても、虎の絵はそれまでにもいっぱい描かれているわけだから、毛皮を見る必要はないわけ。あの説明の表現には、絵というのは現物を見て描くものという西洋的な思い込みがある。

赤瀬川　だけど、あの虎はたしかに毛皮っぽいなと思った。現実に動くところを見てないから、ぐにゃっとして骨がないの。だから、アジの開きじゃないけど〝トラの開

将軍が外様大名に対面する大広間。平伏する大名と将軍のシュールな人形が並ぶ（2点とも写真提供／元離宮二条城）

老中三の間の壁貼付は「雪中柳鷺図」。松とは対照的

き〟みたいな感じ（笑）。

山下　こういうふうに見ていくと探幽のいろんな面が出てきて面白いんだけど、二条城の障壁画からはゼネコンの社長の顔しか見えてこないでしょ。それを、「探幽の傑作と言われています」とテープガイドみたいに言ってたんじゃね。だいたい、みんな「言われています」としか語らなくなってしまった。そこがこの仕事をしていて悲しいですね。じゃああなたはどう思うのって。つまらなければ「つまらない」って言えばいいんです。そういうリアリティがない状態で語られてきたところが、日本美術の不幸のもとなんですね。

赤瀬川　全部あなた任せで、自分の感覚で見て何か言う、ということができにくいんでしょうね。

山下　ぼくは、探幽は絵でしか表現できないタイプの人ではなかったと思う。でも努力家だし、器用だし……。

赤瀬川　器用ではありますね。

山下　でもつまらない。永徳は〝乱暴力〟があった人だけど、探幽には全然ない。やっぱり、探幽は非常に有能なゼネコンの若社長なんです。

プライベートと公式発言

山下　今日は一般の見学者の方が帰られたあと、学芸員の大川さんの案内で、懐中電灯*で照らしながら障壁画を見せてもらったわけですけど、あらためて近くで見て、絵って感じしました？（編集部注・現在は、絵の保存のため懐中電灯を照らすのは禁止されている）

赤瀬川　あれはすごい体験だった。間近に感じることができて。でも……欲しいとは思わない。勝手さがないというか。結局は絵の面白さって、勝手に描いちゃった妙な力がヒョイと定着したものでしょ。逆に、習練を積んで、写実の技術だけで到達した絵というのも、それはそれですごいんだけれど、そういう絵でもない。

山下　二条城の襖絵は画題としては定番の極致です。名古屋城だったら風俗図もあるんですけど。だから時代劇の背景を見ているみたいで、印象に残らないんじゃないかな。

赤瀬川　あれを純粋絵画として見たら何だかわからないでしょうね。

山下　要するに建物の壁ですよ。だから、部屋の装飾壁面として課せられた機能はしっかりはたしている。ところが、美術全集では、絵の部分だけ切りとって「絵」として見せられる。それが不幸なんです。

赤瀬川　そうそう。今日みたいに、ここは外様《とざま》の間、ここは譜代《ふだい》の間というふうに襖絵を見ていくと大変よくわかった。外様大名に対面する大広間は松がぎゅぎゅーっと強く描かれていて、あれは歌舞伎で見得《みえ》を切るのと同じ意味があるんじゃないかと思った。いっぽう老中の間は、雁《かり》とか柳に鷺《さぎ》の絵だし、朝廷からの勅使を迎える部屋なんて、ほんとにやわらかいタッチの檜《ひのき》と楓で、松の力んだ感じとはまったく違う。それが面白くて。あの対照を見て、ゼネコンが政治背景を押さえた仕事をしたんだということがよくわかりました。

山下　あんな松の枝ぶりは実際にはありえない。われわれ日本人は能舞台とかで舞台装置としての松のイメージを持っていて、記号として刷り込まれているから当たり前のものとして見ているけれど、はじめて見る外国人には、とても生きている樹木を描いたとは思えないでしょうね。何か化け物がのたうちまわっているように見えるはずですよ。

赤瀬川　ちょっとあのドイツ人に聞いてみたかったたね。

山下　権威とか永続性の象徴として、松ほど記号化されているイメージもちょっとないですね。基本的には室町時代からこのパターンはできている。

赤瀬川　セザンヌも赤松をけっこう描いているけど、そんなにねじれてないですよね。松には力むというのとは逆に、ランダムというか、何かひょろっと抜ける感じもあって、町のなかに松があるとほっとしたりする。不思議な木です。だけど、どの部屋に何を描くかは探幽が考えたのかな。それともお上《かみ》の指示？

山下　もちろんやりとりがあったでしょう。下絵を施主に見せて、描き直したりしたことが、すでに室町時代の正信に関する文献に出てきます。

赤瀬川　ここは、外様大名を迎えるから柳じゃまずいとか、勅使が来るんだからいばってちゃいかんとか。

山下　建築と障壁画とのかかわりは二条城までに長い歴史があるし、武家が天皇を迎えるというのは足利将軍家以来の伝統ですから、その前例や有職故実《ゆうそくこじつ》を調べる役人なんかもきっといたと思う。でも徳川家としては自分たちの勢力を思いきり誇示する必要もあった。まさに慇懃無礼《いんぎんぶれい》の極致ですね。だけど、信長だったら勝手に描いてもいいと言ったかもしれないけど、家康も担当役人たちも、決まったことしか言わなかったただろうなあ。

赤瀬川　時代が固まりはじめていたんだね。それが社会を安定させることでもあるんだけど。

山下 そう思うと、あの松の形が妙に萎縮しているのが象徴的なわけですよ。松の枝が長押《なげし》を突き破って伸びているから、一見大胆な構図に見えるけど……。

赤瀬川 突き破れていないよね。公式発言って言うのかな。よくテレビで街頭インタビューなんてしてるけど、テレビである以上は全部公式発言なんですよ。一見巷《ちまた》の人の自由な発言に聞こえても。そういう空気が二条城全体にありますね。ピカソはプライベートと公式発言をいっしょにできた人なんですけど。

山下 探幽の場合は、小さなスケッチがプライベートで、二条城は公式発言なわけですよ。

赤瀬川 今度つくづく思ったのは、歴史を知って見ると面白い。造形だけ見ててもわからないことが、その絵の使われ方で見えてくる。

山下 それはいい勉強でした（笑）。修学旅行に来る受験生は、二条城＝「松鷹図」＝狩野探幽と覚えればいいだけですから。赤瀬川さんはオトナになったんですよ（笑）。

とうじのまんま、ぶっきらぼうに並んでます

東寺

京都駅に降り立つと、裏手のビルの間に、
五重塔の頭が見える。
平安遷都にともない、都の入口に東寺が建てられて
以来1200年余り。
講堂の仏像は、ほとんど当時のまま残っている。
新幹線を降りて10分も歩けば、
空海が吸っていた空気を体感できるのだ。

The Excursion
For Adult

東寺《とうじ》

正式名称は教王護国寺。日本一大きな高さ55メートルの五重塔（国宝）で知られる東寺真言宗の総本山。平安京への入口である羅城門の左右に築かれた東西の寺の一つ。建立の途上、空海により真言密教の根本道場とされた。伽藍は、南大門、金堂、講堂、食堂と直線上に建つ奈良時代の形式を踏襲する。国宝の金堂には本尊の薬師三尊像が安置されており、講堂内部は21体の仏像が立体曼荼羅を構成する。毎月21日は「弘法さん」とよばれる市が立つ。

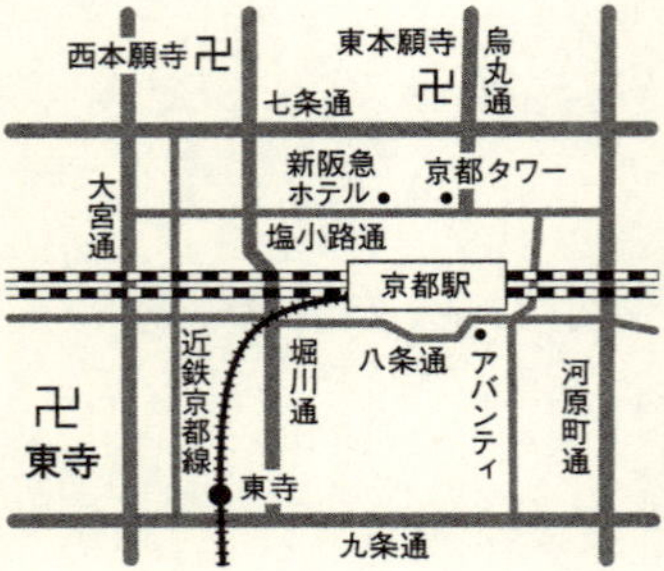

京都市南区九条町 1
電話／075・691・3325
拝観／8時〜17時
受付は閉門30分前まで
休み／無
料金／大人500円（金堂・講堂）
駐車場／有（50台）
写真撮影／堂内は不可
外観はスナップ写真程度なら可
交通／市バス17、18、207系統で東寺東門前下車すぐ。近鉄東寺駅下車、徒歩5分。ＪＲ京都駅南口（八条口）から徒歩15分

山下　ぼくはね、たまに京都で時間が空《あ》いたりすると、一人で東寺に行くんですよ。京都駅から歩いて行けるから。あそこに一人ぽつんといるのって、いいものなんですよ。

赤瀬川　ぼくは東寺というと骨董市《こっとういち》って感覚ですね。もう二十年ほど前になるかな、京都に遊びに来たとき、友人に連れられて「弘法《こうぼう》さん」の市へ行ったことがあるんですけど、そのときのほうが骨董屋が多かったような気がするね。今度行ったら、骨董屋の多い正門とは反対の駅に近い東の門からぼくらが入ったせいかもしれないけれど、どちらかというと日用品のほうが中心で。

山下　骨董市というよりフリーマーケットのようでしたね。下着を売ってる横にタコ焼きの屋台があったり、お祭りの縁日とフリーマーケットと骨董市が合体した感じ。弘法大師公認「まんだらフリーマーケット」！（笑）

赤瀬川　世田谷のボロ市もああいう雰囲気ですね。

山下　戦前に柳宗悦《やなぎむねよし》が書いた『京都の朝市』という本があって、「何もかもけじめなく売るこの朝市は大いに魅力あるものであった」と言ってる。

赤瀬川　けじめなく売るという感じは、いまもあるね。あの中を歩いていると、これなんぼ、これなんぼという目になってしまうから、東寺を出たとこにある消防署のちょっとレトロな看板まで「これなんぼ？」と思ったのはおかしかった。

山下 赤瀬川さん何か買いました？

赤瀬川 何にも。意気込んでたわりには、買うものなかったですね。あの猿の香炉はちょっと良かったけどね。

山下 あれね。五千円だったら買ってましたね。一万円でも悩んだ末に買ってたかもしれない。

赤瀬川 二万円でしたよね。買っといてもよかったかな（笑）。

山下 ぼくは、古写真のセットを一つ買いました。京都博覧会の珍妙な建物の写真とかいろいろあって面白かったから。でも、柳宗悦が弘法さんへ行ったときに「大正の始め、あるいは明治にさかのぼったら、どんなにすばらしい品々があったであろうか」と言ってる。てことは、大正の終わりくらいから昭和のはじめにすでに、それほどのものはなかった。江戸時代のはじめにはもう市があったらしいから、少なくとも家光による東寺の再建事業が終わった頃から四百年やってるわけですからね。

赤瀬川 五重塔ができて参詣に来る人も増えて、お茶を出したりお団子出したりする休憩所からはじまったんだろうね。そうなると、あそこに行けば、物が売れるということで商売人が集まってくる。

五重塔より金堂をのぞむ

骨董市で掘り出しものが見つかるか……
右は、けっこう気に入っていた猿の香炉

山下　そのうちお参りのほうが空洞化して、市のほうがメインになっちゃって、という時期もあるでしょうね。もともとは官寺で、空海に下賜《かし》されて壮大な構想で空間をつくったわけだけど、いつのまにか弘法大師個人の信仰に変わって、庶民の「弘法さん」になった。だからいまも、東寺はほとんどノータッチで、出店に境内を提供している。

赤瀬川　あの市はおそらく、戦争のときもとぎれずに続いていると思う。闇市化して。人出も変わらないでしょう。これだけの人が来るんだから、うるおっているんでしょうね。それと、来てる人を見てると、ちょっと異国に行った感じというか、時代が終戦後に戻った感じというか……。

山下　中国に行ったみたいな感じ。上海の裏町というか（笑）。

赤瀬川　ふだん町なかで見かける人の群れとは違うという、あの感触は何ともいえない。ぼくは……（笑）、昭和天皇最後の「天皇陛下万歳」に行ったことがあるんですよ。

山下　えっ、新年参賀のこと？

赤瀬川　そう、それまで自分は「サヨク」だと思ってたのにね（笑）。そのときの、ふだん見ない人が集まっているという印象に近いものがあって、不思議だなと思った。

山下　ぼくは市ははじめてだから、誰も行かないガランとした東寺の姿しか知らないわけですよ。柵で囲われた有料拝観スペースが駐車場と化して、国宝とライトバンがなかよく並んでたのは、面白かったですね。

体育会系仏さんの控え室

山下　今朝もう一度、お堂の拝観に行ったわけですけど、昨日のことがウソのように人がいなかったですね。去年の「終《しま》い弘法」の日の有料拝観者が三千人で、今年はもっと少ないというから、ふだんの平日は千人もいかないですね。金閣銀閣や清水寺にくらべると、十分の一ぐらいじゃないかな。
赤瀬川　それを思うと金閣の営業努力は大したもんだね。
山下　みやげもの売り場も、ベストセラーの曼荼羅《まんだら》下敷以外あまりものがなかったし。
赤瀬川　プリクラが一台あった。せっかく山下さんと二人で撮ったのに、故障してしまったという（笑）。
山下　演出してないんですよね。講堂にしても平安時代の仏像が二十一体もそろっているところなんて他にないんですよ。それがずどんと置いてあるだけ。

赤瀬川　ぼくは最初、あちこちの仏像を、たまたま見学用に一ヶ所に集めたお堂だと思ったの。そしたら、密教の曼荼羅の世界を立体的に表したものなんですってね。

山下　講堂は弘法大師が平安初期に建てたときの構想がそのまま残っている、いわば東寺のメイン・ホールです。建物自体は焼けちゃって、いまあるのは室町時代の再建で重要文化財なんだけど。

赤瀬川　講堂は体育館って感じがしましたね。

山下　中には筋肉隆々のヤツがいっぱいいるしね（笑）。選手の控え室みたいな、汗くささが充満しているような感じは、たしかにしましたね。

赤瀬川　うん、思想の熱気というのかな。

山下　思想の控え室。だから思想が勝っていて、造形的じゃない。

赤瀬川　そうそう。仏さん自体は造形的なんだけど、一つ一つの個性が強すぎて全体としてのデザインは考えてないみたいな。

山下　講堂の隣が金堂《こんどう》で、ここには本尊の薬師如来坐像《やくしにょらいざぞう》と日光月光両菩薩《にっこうがっこうりょうぼさつ》があって、こっちのほうが立派というか威圧感があるけど、桃山時代の仏像だから、美術書にとり上げられることは少ないですね。

赤瀬川　両菩薩の横にある蓮《はす》の水瓶《すいびょう》が良かったですね。とても躍動的で、あんなすご

講堂内の立体曼荼羅。大日如来を中心に、五智如来、五菩薩、五大明王、四天王、梵天、帝釈天の21体の仏像が安置される

金堂には本尊の薬師如来坐像と、日光月光両菩薩が安置されている。すべて桃山時代の仏像で重要文化財。両脇の蓮の水瓶がまたグッド

い蓮の彫刻は見たことがない。金堂はちょっと変わった建築でしたけど、いつのもの？

山下 もともとは東寺に弘法大師が来る前に建てられた一番古い本堂で、いまのは豊臣秀頼が再建した桃山時代の建築です。

赤瀬川 ということは、東寺は弘法大師が開いたお寺ではないんですか。

山下 ええ、延暦十三年（七九四年）に桓武《かんむ》天皇が平安京を造営するとき、羅城門《らじょうもん》の東と西に、都を守る東寺と西寺をとりあえず建てた。それから三十年くらいして、唐から帰ってきた弘法大師に東寺を下賜した。それで弘法大師は東寺のお堂に住んで、講堂やら五重塔の建設を指揮したわけです。

赤瀬川 東寺対西寺の雨乞いの話は面白かったね。

山下 旱魃《かんばつ》が続いた年に朝廷が西寺のえらい坊さんに雨乞いの祈禱をさせたけど雨は降らなかった。そこで弘法大師に祈禱を頼んだら降ったっていう。空海は占星術とか天文学的な素養があって、もうしばらくすれば雨が降るということがわかってたなんていう人もいるんですが。

赤瀬川 で、鎌倉初期に西寺は廃《すた》れちゃった。雨降って、ますます弘法大師は自信を持ったんだろうね。

演出が何もないのが気持ちいい

山下　今日また申し訳ないことしてしまいましたね。五重塔に入れてもらって。入りたがっていた外国の人がいたのにね。

赤瀬川　壁面の龍は長谷川等伯《とうはく》の系統かな、と山下さん言ってたけど。

山下　ええ、岩の描き方でわかるんですけど、長谷川派の、等伯の末流だと思いますよ。

赤瀬川　四方の柱の絵が廃仏毀釈《はいぶつきしやく》で削られていたのには驚いたね。曼荼羅の円の中の仏さんだけをきっちり削ってしまって……。

山下　曼荼羅の諸尊ですね。四方の壁面は「真言八祖像《しんごんはっそぞう》」といって、インドと中国のえらいお坊さんと弘法大師、つまり実在の人物を描いたものだから助かったんでしょう。廃仏だからとにかく仏像はイケナイ。

赤瀬川　いつの世でも革命は何か壊してしまうんだね。

山下　それこそ紅衛兵《こうえいへい》みたいのが来て、やっちゃったんでしょうね。

赤瀬川　それと扉の内側が良かったね。天部《てんぶ》の像が描かれてたのが、すっかり色が落ちて、板の表面にかすかな凹凸だけが残ってた。

山下　扉を開け放しにしていた時期があるんですね。だから内側まで風雨にさらされて、あんなに磨滅してしまったんじゃないかな。

赤瀬川　お出入り自由の時代の落書きもありましたね。いまと違って、落書きも字がきちんとしていて。

山下　それと、焼けて炭になった四天王が見られて何よりでした。ぼくは、一九九五年に遷都《せんと》千二百年記念で「東寺国宝展」が世田谷美術館に来たとき、この炭化仏二体を見て感動したんです。てっきり宝物館に入れられているのかと思ったら、本来の食《じき》堂《どう》に安置されてたんですね。

赤瀬川　あれは最近の火事で？

山下　昭和五年の終い弘法の日の夜に、火鉢の上に積んでおいた座布団に火がついて、食堂が炎上したそうです。本尊の千手観音《せんじゅかんのん》はそれほどひどく焼けなかったので、補修をして宝物館に保管されています。四天王は燃え残りのまま、しばらく放ってあった。

赤瀬川　案内してくださった八木さんは、金堂の三尊仏《さんそんぶつ》の後ろの隙間にごろんと転がしてあるのを見たと言ってましたね。これは究極の古色というか、運命の味。

山下　過激な古色。でも考えてみたら、これ、すごく微妙なバランスにあるんですよ。

腕はとれてるけどまだかろうじて顔の表情はわかるし……。

赤瀬川　贅沢《ぜいたく》というのもおかしいけど、こんなことやろうとしてできることじゃない。

山下　食堂は一般公開はしてなくて、回向《えこう》を受ける人だけが入れるところだから、のぞいてみるしかない。でもふつうの人にとっては、えっこれ何?って感じかもしれない。こんなに喜ぶのはわれわれくらいで（笑）。（編集部注・現在、食堂も一般公開しています）

赤瀬川　だから、どのお堂の前にも赤いバケツがたくさん置いてあったんだ。最初、魔除《まよ》けの結界《けっかい》かと思ったけど。

山下　あのバケツには東寺出店連合と書いてあったから、もしかすると昭和五年からバケツを置く伝統があるのかもしれない。あれだけの建物にバケツというのは、B29に竹槍（笑）。

赤瀬川　猫除けのペットボトル的な考えと重なってるよね。悪くいえば気休めだけど、精神力には訴えてる。八木さんが仏像を背中にかついで逃げる防災訓練をしたという話も面白かったね。こんなに何度も焼けてるわけだけど、伽藍《がらん》の配置とかは当時のまま?

山下　基本的には同じです。南大門を入って金堂、講堂、食堂が一直線に並んで、五重塔と灌頂院《かんじょういん》が左右にある。しかも東寺は、寺域もほとんど変わっていないんですよ。

赤瀬川　ミケランジェロの絵を洗ったらすごく色鮮やかになったって言うけど、東寺の伽藍もできた当時の色に戻したら、完全に「法の華三法行」みたいかも（笑）。

山下　東寺には密教関係の絵とか工芸とか国宝がずらずらあって、寺宝の古さと数でいえば圧倒的。「最高です」（笑）。平安初期のものがこれだけまとまってあるというのは東寺だけなんです。

赤瀬川　講堂だけでも国宝がいくつ？　あんなのはじめて見ましたよ。

山下　十五体が平安仏で国宝です。でもあんまり国宝のありがたみっていうのがないんですよ。それを売りものにしようという意識があまりないせいかな。

赤瀬川　そこが妙な大胆さというか、ほっぽらかし。

山下　東寺はどうも観光寺院にはなってない。金閣に何度も行く人というのは、京都に住んでいて、よそから来た客を案内する人でしょ。京都が好きだからって、みずから進んで金閣に何度も行く観光客はいない。観光ってたぶん一回のものなんですよ。

赤瀬川　観光で行ったら、あのそっけなさはどうなんだろう？

山下　全然だめですよね。何だこれみたいな感じじゃないかな。でも、ぼくにとっては、ほったらかしの心地よさがあるんですよ……。そうか、ほったらかしておいてくれるから、ぼくは何度も行くんだな。

赤瀬川　変なサービスなしで、見るべきものはたくさんある。だから、たとえば北海道の果ての漁師町に、包丁でぶつっと切っただけの魚がゴロゴロいっぱい並んでいるって感じ。モノはすごく立派で。

山下　そう、魚を骨ごとストンストンと切って、身と骨が両方見えてるみたいな。

赤瀬川　でも食べるときには自分で骨をとって皮を剝《は》いで食べなくちゃいけない。で、紅生姜がどんと置いてあって、それがあの赤いバケツ（笑）。だけどなんで観光地にならないのかなあ。

山下　京都駅に近すぎるからじゃないですか。

赤瀬川　それに京都駅の裏っていう感覚だしね。

山下　駅からお寺に至るアプローチの問題は大切ですよね。長谷寺や室生寺のように少し山手に入っていくとかいった〝大和古寺風物詩〟的な演出が何もない。嵐山や大原みたいなツボにはまった感じも、まったくない。やっぱりみんな、京都には演出されたこぎれいなものを期待するんですよ。だから東寺には行かない。

赤瀬川　砂漠というか、廃墟性というか、とくに講堂の外壁の汚れ方なんか見てると、廃墟にはなってないんだけど、その要素をちょっと感じる。過激な革命のあと政府が崩壊して何十年、たとえばポル・ポトの去ったあとみたいな。だから逆に面白いんだよね。いまの日本に見られないから、新鮮というか、胸にズーンとくるものがある。

山下　JRと国道一号線の間という立地のせいもあって、不思議な空洞というかエアポケットになってるんですね。そこがぼくには心地いいわけ。そうそう、おみやげに買った曼荼羅下敷（二枚入り）を分けましょう。どっちがいいですか。

赤瀬川　うーん、こっちかな。

山下　赤瀬川クンが胎蔵界《たいぞうかい》で、山下クンが金剛界《こんごうかい》ですね。

赤瀬川　でも、これを見ても、曼荼羅がなぜこうなのかっていうのが、いま一つわかんない。まあいいけど。

山下　専門外ってこともあるけど、ぼくも曼荼羅ってよくわかんないんですよ。でも単純に見て、東寺の国宝の「両界曼荼羅」はすごくきれいですよ。この写真で見ても、パステルカラーが何とも言えないし、どの仏さんもエキゾチックな顔をしてるでしょ。一種エロティック。赤瀬川さんに本物見せたいな。

赤瀬川　水っぽいですね。見てみたいな。ご開帳《かいちょう》はするの？

山下　宝物館にたまに並びます。

赤瀬川　新幹線の時間調整で来る修学旅行生が多いということでしたけど、子供にはわからないよね。大人は一度行ってみるといいと思うけど。

山下　一人で行くにはとくにいい。「観光」に飽きた人に、とくにお勧めしたいですね。

和尚の留守中に描いちゃいました

高台寺・円徳院

東山は清水寺の北の高台寺。
秀吉とねねの寺として、最近とみに観光客を集めている。
山の斜面に広がる境内には、
高台寺蒔絵で飾られた北政所の霊屋、
利休好みの茶室、傘亭・時雨亭などの有名物件が……。
その塔頭の一つ、円徳院の襖絵にまつわる
長谷川等伯のエピソードとは。

The Excursion
For Adult

高台寺・円徳院

こうだいじ・えんとくいん

夫、豊臣秀吉の菩提をとむらうため、高台寺の建立を発願した妻、北政所（ねね）。北政所は、思い出深い伏見城の化粧御殿と、その前庭を移築したこの地で、77歳で亡くなるまでの19年間を過ごしたと伝えられている。円徳院は北政所の死後、寛永9年（1632年）に甥の木下長嘯子（法号圓徳院）によって木下家の菩提寺として開かれた。方丈の山水図屏風は、長谷川等伯筆。

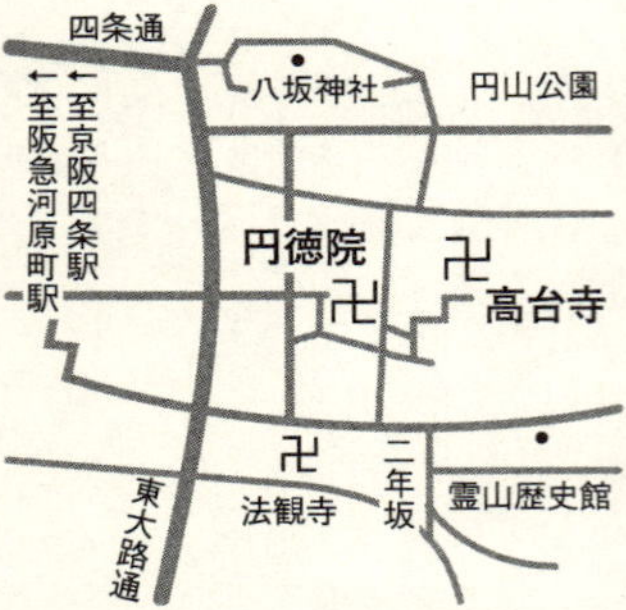

※高台寺については、拝観時間・料金など、円徳院と若干違っているため、詳細は電話にて問い合わせください。（075・561・9966）

円徳院
京都市東山区高台寺
下河原町530
電話／075・525・0101
拝観／9時〜17時30分
（春・秋のライトアップ期間など特別拝観時は22時まで延長。受付は閉門30分前）
休み／有（法要・茶会）
料金／大人600円（特別拝観は別料金）
駐車場／無
写真撮影／堂内は不可
外観はスナップ写真程度なら可
交通／市バス206、207系統で東山安井下車、徒歩5分

赤瀬川　高台寺って高台《たかだい》にあるから高台寺って言うんでしょ。

山下　残念ながらブー。北政所《きたのまんどころ》が後陽成《ごようぜい》天皇から贈られた号が高台院だから高台寺。

赤瀬川　えっ、そうなの？　知らなかった。こうなったらもう、職業は「知らないこと」だ（笑）。

山下　それで赤瀬川さんは仕事になるからいいですよねえ。ぼくは一応「知ってること」が職業だけど、いやになってきちゃった……。ところで、高台寺に来てる人は年齢層が高いですね。

赤瀬川　オバサン世代がたくさんいたね。オトナの修学旅行じゃなくて、オバサンの修学旅行（笑）。

山下　夜十時までライトアップしてる期間は、急にカップルが多くなるっていうことでしたけど、厚底の女の子が来ても、霊屋《おたまや》や茶室までの階段が昇れないでしょう。

赤瀬川　まして夜じゃ、転びに来るようなもんじゃない？

山下　赤瀬川さんは前にも、霊屋に入られたことがあるんですね。

赤瀬川　「利休」の映画のシナリオ・ハンティングで、監督の勅使河原宏《てしがわらひろし》さんや建築史の横山正さんたちと来たから、一九八六、七年頃ですね。

山下　とすると、ちょうど同じ頃ぼくも来てますね。こっちは学術調査で。東大の美術史研究室で霊屋の障壁画《しょうへきが》の調査をすることになって、4×5《しのご》のカメラを持ち込んで、傷んでる絵の写真を全部撮りました。

赤瀬川　ぼくは、壁の絵の印象はあまりなかったな。蒔絵《まきえ》が全面にあった印象はあるけど。

山下　ふつうはないでしょう。高台寺の霊屋を、障壁画として注目している人はほとんどいなかったですからね。でもその頃、たぶんこの壁画の作者だろうと思われている光信《みつのぶ》とか孝信《たかのぶ》といった永徳《えいとく》のあとの時代の狩野《かのう》派の研究が進み出した頃だったので、調査の予算がついたんです。

赤瀬川　じゃあ、蒔絵よりも障壁画のほうを見にきたわけ？

山下　そうです。一応ぼくは絵画史の研究家ですから（笑）。当時は調査隊の運転手でしたしね。

赤瀬川　でも今日見たらずいぶん傷んでましたね。

山下　当初はきれいな絵だったと思うんです。でもあまりにも劣化が激しい。金雲の下描きの線が見えてたでしょ。

赤瀬川　高台寺の下の「掌《しょう》美術館」に一九九五年に撮った写真があったけど、今日実際に見たのとくらべると松の緑や海の群青がずいぶん退色していて、ここ数年とくに劣化が進んでるような気がしますね。

山下　われわれが中で見せてもらってる間中、背中のほうから聞こえてきた案内係のおじさんの解説は面白かったですね。「左の白い布をかぶっているのがねねさんで、お像の地下二メートル掘るとご遺体が出てまいります。右の秀吉の下を掘っても、何も出てきません」（笑）。

赤瀬川　それから「高台寺蒔絵は世界的に有名ですから、よく見といてください」。その伝でいくと、背景の壁画は「有名ではないから見なくていいです」（笑）。

山下　それは霊屋の指定ともかかわってくるんですけど、霊屋は建物全体として重要文化財に指定されているのであって、高台寺蒔絵とか絵画に対してじゃない。ぼくは掌美術館のほうに展示されていた、霊屋の中央の小さな厨子《ずし》はものすごくいいものだと思う。高さ十センチくらいの四天王も、もう一つ小さな厨子に入っている三尊《さんそん》も、扉絵も、細かいところまできちっとした仕事をしているでしょ。

赤瀬川　ぼくは鑑賞用のルーペを忘れたんで、よく見えなかった。

山下　あれはおそらく秀吉の念持仏《ねんじぶつ》で、戦場なんかにも持って行ったんでしょう。あれだけで重文になってもいいと思うんだけど、仏像で桃山というと時代が下りすぎて指定されないんです。

赤瀬川　秀吉とねねの厨子の扉も美術館にあったけど、秀吉の扉は内側の面が展示されてたね。ぼくは反対側のススキに露《つゆ》のほうが好きなんだけど。あれは秋も深まってからの情景だろうな。これをつくった人の名前って残ってるの?

山下　秀吉の御用を務めていた幸阿弥又左衛門って蒔絵師がひっそり名前を彫ってますね。でもほんとひっそりで、これが見つかったのは最近。

赤瀬川　画家だってそもそもは名前なんか残さなかったんでしょ。

山下　基本的にはそうですね。

赤瀬川　じゃあ、室町時代の雪舟《せっしゅう》なんかは例外的なのかな?

山下　雪舟は、狩野派や長谷川等伯《とうはく》が持ち上げたから残ったんです。等伯なんて自分は雪舟の五代目だとか言ってる。ほとんど関係ないのに。やっぱり等伯は、能登から出て来た田舎者だから権威づけが必要だった。だから秀吉と気が合ったと思うんですよ。

赤瀬川　あっ、そうか!　なるほど、田舎者同士ね。それは面白い。

山下　ぼくの中では秀吉のイメージと等伯のイメージってすごく重なるんですよね。

赤瀬川　とすると利休は堺で、当時の都会人だから……。

山下　そうそう。都会人のかたまりでいながら、田舎者を馬鹿にしたような顔をしないんですよ。「利休」の映画でも、秀吉はとても利休には勝てないという感じだったけど、実際その通りだったと思う。秀吉と等伯の関係を考えていくと、当時の障壁画は狩野派の独壇場だったわけだけど、等伯が田舎から出て来てあっという間に秀吉にとり入って、大規模な仕事をもらう。その一番大きいのが智積院《ちしゃくいん》の襖絵《ふすまえ》。

赤瀬川　「楓《かえで》図」、「桜図」ですね。

山下　ところが等伯は利休ルートも使っている。千家《せんけ》に伝わる利休の肖像を描いたのは等伯ですからね。だから大徳寺との関係も深い。

赤瀬川　利休としては、井戸茶碗じゃないけど、あえて田舎者にも接近したいという……。

山下　しかもその田舎っぽさを自分の価値として選びとってくる。「わび」とか言って。だからきっと等伯の才能も自分が発見したんだというところが、利休にはあったと思うんですよね。

隙を見て描いちゃったって本当？

山下　いま残ってる等伯の有名な絵って、だいたい五十代以降のものなんです。若いときの仏画なんかもありますけど。で、四十代が空白で、五十代以降で一番早い時期の絵が今日見た襖絵です。これは、お寺ができたときに描かれたと推定しての話ですけど。

赤瀬川　それは円徳院じゃなくて……。

山下　大徳寺の三玄院《さんげんいん》。春屋宗園《しゅんおくそうえん》が三玄院を建ててすぐ、等伯が襖絵を描かせてくれと頼んだけど断られたんで、和尚の留守中に上がり込んで、真新しい唐紙《からかみ》の上に一気に描いて帰ったという逸話が残っています。ぼくらも今日、ご住職の留守中に拝見したんだけど（笑）。

赤瀬川　ぼくはそもそも、等伯の「枯木猿猴図《こぼくえんこうず》」を見てどきっとしちゃって、シナリオを書くためにいろいろな本を読むうちに、いまの話を知って、もううれしくなっちゃって。等伯って、そういうヤツなのかってね。でもそういう絵は実際には残ってないと思ってたの。ところが何かの図版でそれを見て、こんな桐柄のプリント地みたいなのに描いた絵なんだと思ってびっくりした。あれは参ったって感じだったね。

山下　円徳院の襖絵はいい図版が少ないんですよ。雲母《きら》がきつく浮き出るから。よくとり上げられるのは二ヶ所の八面だけでしょ。

赤瀬川　そう、ぼくはその二ヶ所だけだと思ってた。だから、今日は「たっぷりあっ

等伯はこの辺から描きはじめたのではと推理する「舟一艘」と「シュシュシュ」

図版に一番よくとり上げられる部分の松。お習字の楷書みたいにきっちりと描かれているが、枝の下がり具合は「松林図」に通じる

た」って感じ。

山下　おそらくもっとたくさんあったと思いますけど、いま残ってるのは、樂《らく》美術館にある四面と合わせて、三十六面です。

赤瀬川　ぼくは、あのエピソードと本で見た絵との間に、ずっとギャップを感じてたんですよ。留守の隙に描いたにしてはきっちりしすぎてる。

山下　図版に出るところは一番慎重に描いているところなんですよね。居住まいを正して、しかも一時代前の室町時代のスタイルを意識的にとり込んでいます。

赤瀬川　今日全部を見たら、そうじゃない絵がいっぱいあった。舟が一艘のところ、ぼくはまずあそこから描きはじめたんだと思うな。二部屋めのシュシュと縦線を引いただけの落書きみたいなの、木かなとも思うんだけど、あの辺もいかにも最初。あれはあきらかに遊んでるというかイタズラ描き。隙を見て描いたという感じがあるよね。

山下　赤瀬川さんはその、隙を見てやっちゃったというとこが好きなんですよね。

赤瀬川　そうそう。何でもはじめてやることって一番エキサイトしてるし、全部が出てるって気がする。だから、この襖絵はやっぱり二段階あるよね。最初にスルスルと描いて、じゃあ描いてみなさいと和尚に言われて、それから本腰を入れて描いたという。もし留守中に描いたという話がほんとだとすればだけど。

山下　ぼくはあの逸話はある意味で、等伯のキャラクターをよく伝えていると思いますよ。

赤瀬川　その頃は等伯はまだそれほど売れない絵描きでしょ。描きたくてしょうがないわけですよね。でも、いまの若い連中のように発表する画廊がない。それで、何でもいいから描かせてって頼んだら、いらないと言われた。

山下　それで貸画廊のオーナーがいない隙に白い壁に描いちゃった。そしたらオーナーが帰ってきて感心して、あらためて呼ばれて描いたのがこの絵。いいストーリーじゃないですか。

赤瀬川　そう考えると、すごく納得できる。

山下　じゃあ、そういう話にしてしまいましょう（笑）。

等伯だったら買わなかった?!

山下　等伯がこの襖絵を描いてから、国宝のあの有名な「松林図《しょうりんず》」を描くまで、おそらく四、五年しか経ってないですね。こっちの松の図は、楷体《かいたい》といって書道の楷書に当たる描き方で、松林図とはまったく違うタッチだけど、松の枝が下がっていく形態感覚というのは通じてますよね。

赤瀬川 たしかにそうですね。松というのは人によって描き方が違うし、こういう形は等伯以外にはあまりないものなの？

山下 そうですね。独特ですね、こんなふうに枝が下がるのは。

赤瀬川 楷体が絵の楷書ということは、楷書をくずした行書《ぎょうしょ》や草書《そうしょ》の絵もあるんだ。

山下 ええ、楷体・行体・草体って言います。ただそれはくずすというのではなくて、描き分けと言えばいいかな。たとえば草体というのは墨をさっと刷《は》いただけに見えるけれど、中国の水墨画に玉澗《ぎょくかん》っていうお手本がある。室町から桃山くらいにかけて障壁画制作が盛んになると、画家は部屋によって絵を描き分けなければならないわけですよ。

赤瀬川 二条城もそうでしたね。この頃から意識化されてくるわけだ。

山下 そうです。桃山頃にはすっかり楷行草がシステム化された。そのマニュアルをつくって独占体制を築いたのが「ゼネコン狩野株式会社」です。だから等伯も、遅ればせながらそういうシステムを身につけなければならなかった。円徳院の最初の部屋は、正面の四面と左手の四面の絵がまったく違ってたでしょ。正面が楷体で左が草体。

もとの三玄院では別の部屋にはまってたはずなんですよ。それが明治のはじめにここへ移されたときに配置が変わってしまった。

赤瀬川　行体というのはどういうの？

山下　牧谿《もっけい》スタイルというのがわかりやすいかな。

赤瀬川　じゃあ「枯木猿猴図《こぼくえんこうず》」なんかもそうなんだ。ということは中国にも楷行草はあるわけね。

山下　日本ほどじゃないですね。たまたま輸入されてきた中国絵画を、日本人がそういうふうに分類して受け止めたわけです。

赤瀬川　なるほど。日本人は型にはめて分類するのが好きだからね。だけど、どうして三玄院にあったものがここに来たんだろう。

山下　高台寺副執事の寺前さんに聞いたところでは、三玄院が苦しい時代に、宝物《ほうもつ》を寺から出したくないということで、円徳院が買いとった。お金がなくて困ってたんで、円徳院が山一つ売って買ってあげたそうですよ。ところが面白いことに、和尚さんは狩野探幽《たんゆう》の襖絵だと思って買ったんですって。明治のはじめは長谷川等伯なんて誰も知らなくて、いま等伯とされてるものはほとんど永徳《えいとく》や山楽《さんらく》、探幽とされていたんです。極端に言えば等伯が認知されるようになったのは戦後ですから。

赤瀬川　じゃあ等伯だったら買わなかったかもしれないね。

山下　美術史の学者が、障壁画の筆者を細かく決めていったわけだけど、昔はお寺にずいぶんいやな顔をされたらしいですね。まあ、等伯の場合は、どんどん評価が高くなったから、円徳院にとっては良かったでしょうけど。

傘亭・時雨亭は東南アジアのニオイ

赤瀬川　今日はお茶室もいろいろ見せてもらったけど、ぼくは吉野《よしの》太夫《だゆう》の茶室が好きだったなあ。麦藁《むぎわら》帽子みたいな茅葺《かやぶ》きがかわいいというか、アンデルセンの童話に出てくるお菓子という感じだね。

山下　一畳台目《いちじょうだいめ》は座り心地よかったですね。妙にそそられましたね。

赤瀬川　一畳台目壁いっぱいに超デカの丸窓。あれはみごとだった。あの茶室は吉野太夫の旦那のお屋敷にあったのを移築したということでしたけど、山の上にある傘《からかさ》亭《てい》と時雨亭《しぐれてい》も移築でしたよ。

山下　どっちも伏見城からねねが移築させたようですね。傘亭は池のほとりに建っていたから、舟の舳先《へさき》が入るようになってた。

左は傘亭の内部。東南アジア風の屋根に韓国のお坊さんが書いた「安閑窟」の扁額がかかる。右は吉野太夫の茶室。童話のお菓子の家みたい

屋根の重圧で、きしみの激しい傘亭はワイヤーと金具で樹木にひっぱられている。これを見逃す2人ではない。すかさず撮影

赤瀬川　ぼくは最初に時雨亭を見たとき、何も知らないから、材質感がなくて、舞台装置のような気がした。でも傘亭は池のほとりにあったと聞くと、水面の光の反射が屋根裏の竹垂木《たるき》に映ってきれいだっただろうと思う。職業「知らないこと」でも、ある程度知ってないといけない（笑）。

山下　（笑）いや、イケナくはないけど損する。でも、傘亭と時雨亭を一ヶ所に持って来てつなげちゃうというセンスはなかなかのものですね。

赤瀬川　池のものと丘のものをつなげちゃった。しかも傘亭にひっかけて時雨亭という名前をつけたなんてね。建物としてはどっちも南方系ですよね。柱が四本だけで壁がないんだもの。

山下　ジャワっぽいですよね。水木しげるさんの漫画に出てくる、日本軍が占領した南方の島の高床式《たかゆかしき》の家みたい。でも利休は、ルソンとかと貿易をやってた堺の人だから、南方の影響はあったかもしれない。ベトナムに日本人町なんていうのもあったわけだから、建築の情報なんかも入ってきてただろうし。

赤瀬川　ぼくは種子島に行ったときに、そこの博物館で聞いたんだけど、種子島に渡ってきた銃はポルトガル製といわれてるけれど、ほんとはベトナム製だったんですって。ベトナムにポルトガル製の銃をつくる工場があって、それを輸送していた中国船にたまたまポルトガル人が乗ってたらしい。だからあの頃のベトナムあたりは進んでいたんだね。

山下　傘亭と時雨亭は、利休がジャワの民家から思いついた茶室！　これまで誰も言ってないのかなあ。

赤瀬川　にじり口のある茶室は韓国の家がヒントになった、とは学者も言ってるけどねえ。

山下　じゃあ、二人で新説を立てますか（笑）。正しいか正しくないかじゃなくて、感じた通り、勝手に言ってみることも大事ですよね。なんて、ぼくが言っちゃいけないか（笑）。でも「……と言われています」とか「有名だから見てください」と言われちゃうと、自分なりの創造力がまったく働かないでしょ。

赤瀬川　創造力はいりません、と言われたみたいで。逆に「有名ですから自分の目はもういらないんでしょ」って言いたくなっちゃう。

山下　オバサマ方も、ぼくたちみたいに、ヒネクレたり、勝手なことを言いながら見てほしいですよね。

信仰と観光の幸福な結合

清水寺

金閣と双璧をなす京都の観光地、清水寺。
つとに名高い清水の舞台を支える柱は最長12メートル。
５階建てのビルに匹敵する高さがあるという。
寺を目指して、老若男女、
あの厚底ブーツの少女たちも、楽しそうに坂を昇っている。
いったいなぜ清水寺は
1200年来の人気スポットであり続けているのか？
その謎をなんとか解明したい。

The Excursion
For Adult

清水寺《きよみずでら》

坂上田村麻呂が宝亀11年（780年）、延鎮を開山として東山の音羽山中に堂宇を建立したのがはじまりと伝えられる。139本の支柱に支えられた「清水の舞台」で有名な本堂を中心に、仁王門、鐘楼、三重塔、阿弥陀堂などが伽藍を形成する。また本堂の内陣には、33年に一度しか開扉しない秘仏十一面千手観音が安置されている。縁結びの神さま・地主神社は、清水寺の鎮守。

京都市東山区清水1丁目
電話／075・551・1234
拝観／6時～18時
（春・秋のライトアップ期間は夜間18時～21時も拝観できる）
休み／無
料金／大人300円（夜間拝観は別料金）
駐車場／市営駐車場が近くに有（70台）
写真撮影／スナップ写真程度なら可
交通／市バス206系統で五条坂下車、徒歩10分。207系統で清水道下車、徒歩10分

山下　赤瀬川さんは清水寺に行かれたことは？
赤瀬川　たぶん三度目だと思います。京都に長逗留したことがあって、そのときに一度。そのあと旅関係の本の取材で行って、唐がらしを買ったような気がする。
山下　ぼくは学生時代に行って以来ですね。最初は高校生の頃に観光客として行った。大学でこの世界に入って何度も京都に来るようになって、ちょっと時間があるから行ってみるかって。勉強のためとか、なんか目的を持って行ったことはないですね。
赤瀬川　とりあえず有名だから行くってとこはあるよね。「清水の舞台から飛び下りる」という言葉をみんな知ってるから、どういうところか見てみようと思って。あの舞台に立って下を見ると、たしかに臨場感がある。あの本堂は当初から舞台造りだったんですか。
山下　小学館の『原色日本の美術』を見ると、平安時代の項に清水寺本堂が出てます。現在の本堂は江戸初期の再建だけど、建築様式は当初のスタイルを踏襲しているんだと思う。ただ本堂の創建がいつなのかははっきりしていません。土佐光信《とさみつのぶ》の描いた「清水寺縁起絵巻」では舞台造りになっているから、少なくとも室町時代*にはいまみたいな建物だった。崖に建てるために、足代《あししろ》を組んで床を張り出したわけだけど、あそこは舞楽を奉納するほんとの舞台でもあって、両脇に雅楽を演奏する人の席があります。（編集部注・平安時代後期の蹴鞠の名人・藤原成通の日記に、鞠を蹴りながら舞台の欄干を渡ったと記されており、舞台造りは平安時代中頃からともいわれている）

赤瀬川　ふつうの舞台は観客が見るんだけど、あれは神さま仏さまが見るようにつくられた舞台だから客席がないのね。あれじゃ人は落っこっちゃう。それが面白かった。

山下　そうか……人は舞台を見られないんだ。たしかに全貌を見られるのは奥の院からでしたもんね。

赤瀬川　そういう意味では、ほんとは反観光（笑）。

山下　でも天空から見たら、いかにすばらしいかって想像するとすごいよね。

赤瀬川　仏さまたちが舞を見ている背景に京都の町がすっと開けてるわけね。贅沢《ぜいたく》ですよ。

山下　ああいうところにああいう巨大なものをつくるという発想はすごい。「芸術」かもしれない。だけどいったい誰の構想でどういうふうにできたかということはわからないし、調べるにも調べようがない。そもそも清水寺はほとんど美術史の研究対象になってないんです。学者たるもの、いまさら清水寺に行くなんて、という感じがあるんだと思う。あまりにも一般に知られてるものを、いまさらとり上げるなんて、みたいな感じ。

赤瀬川　あるでしょうね。ぼくはあの舞台の敷板が地盤沈下というか、どうも外縁に向かって傾いてるようで、手すりのとこへ行くのがコワかった。

山下　ほんとうに沈下していると思いますよ。あまりの人の重みで、少しずつ。

赤瀬川　信仰の重みじゃなくて観光の重みでね（笑）。

山下　清水の舞台は観光の重みで地盤沈下してる。これもわれわれの新説ですね。

ワケありもワケなしも受け入れる

山下　清水寺って、アプローチで満足するってとこありますよね。

赤瀬川　まず序曲があるでしょ。庶民的なみやげもの屋さんが、ゆるやかに曲がりながら坂に沿って並んでて、しかも坂がきつくない。お店をひやかして帰りにこれ買おうかなとか思いながらだらだら歩くうちに、いつの間にか昇ってて、最後のカーブで視界がぱっと開けて、仁王門と三重塔が現れる。清水の舞台はまだ見えないけど。

山下　突然出現する仁王門はおみごとって感じ。仁王門と三重塔の、古色と塗りたてのコントラストもすごい。

赤瀬川　進化のすべてがわかるガラパゴス諸島（笑）。

山下　しかも、あそこでまだ舞台が見えない。その効果が大きいですね。
赤瀬川　背景の山が、ちょうどいい借景《しゃっけい》になっててみごとですよね。
山下　よく構想が練られた交響曲みたいな。
赤瀬川　ヨハン・シュトラウスみたいにわかりやすくて気持ちいい。みやげもの屋はいつ頃からあるのかな。
山下　明治時代の写真を見てもずいぶん陶器が山積みになっています。清水焼は江戸中期ぐらいから盛んだったから、幕末にはいまに近い状況だったと思いますよ。
赤瀬川　やっぱり清水で焼いたから清水焼なの？
山下　東山のふもとに、音羽《おとわ》焼、清水焼、八坂《やさか》焼、粟田口《あわたぐち》焼と、南北に窯場《かまば》が連なっていた。町の中は狭くて煙が出ると困るから、山のほうに窯を築いたわけです。その中で最終的に清水焼が残ったので京焼の代名詞みたいになった。美術事典で「清水焼」を引くと、矢印して「京焼」を見よ、ってなってます。
赤瀬川　いま清水坂のみやげもの屋に並んでるものは、アーミーグッズとか、たんに修学旅行生が喜びそうなものばかりだけど。
山下　みやげもの屋があれだけ成立しているというのは、ちょっと信じられない。かつてはいっぱいあったけど、いまはうらぶれてしまったところはたくさんあるけど。

京都の市街が一望できる高さ。運がよければ、遠く大阪まで見わたすことができる

アーミーグッズに、南部鉄の風鈴に、編み笠にキーホルダー。どこが清水みやげなのかわからない。左は清水寺からくだったところで見つけた特大の瓢簞。いかりや長介のサイン入り

昔、赤瀬川さんと一緒に高橋由一《ゆいち》の油絵を見に行った金毘羅《こんぴら》山なんかもそうだったし。それが維持できてるというのは、京都だからでしょうね。

赤瀬川　金毘羅山の場合は坂が急で、昇るだけで精一杯だもん。

山下　赤瀬川さん、途中のベンチで三十分ぐらい寝てましたもんね。清水坂はエッチラオッチラじゃなくてエスカレーターなんですよね。エスカレーターで上がっていくと最上階に展覧会場があったって感じ。

赤瀬川　お参りって大義名分は信仰だけど、おみやげとか、それに付随するオマケが庶民にとっては重要だった。清水はホンネもタテマエも兼ね備えている。

山下　江戸時代は、旅行って、お参り以外には基本的には許可されなかったわけだから。

赤瀬川　お伊勢参りとかの習慣ができた頃はみんな喜んだろうね。お酒飲むのも精進《しょうじん》落《お》としとか、いろいろ言い訳ができる。

山下　いまだってみんな娯楽として観光したいんですよね。清水はそのニーズに最大限に応《こた》えてきたわけです。

赤瀬川　観光という意味でいうと、金閣とくらべてどうなんだろうね。

山下　双璧でしょう。ただ金閣が観光地となったのは明治以降だけど、清水は昔からお参りの対象になってた。京都最古の観光地かもしれない。

赤瀬川　清水寺はいつ頃できたの？

山下　もともとは坂上田村麻呂《さかのうえのたむらまろ》の発願《ほつがん》といわれているから、奈良時代の末頃だけど、創建当時の事情はあまりよくわかっていないようですよ。平安時代から清水詣《もうで》は盛んで、宮廷の女房なんかがぞろぞろ参詣にやってきた話が物語や日記に残っています。

赤瀬川　そこが違うね。金閣に手を合わせている人はいなかったもの。

山下　金閣はもともと貴族の別荘で、バブリーな義満がそれを丸ごと買って建て替えた。それにくらべれば清水には信仰がある。金閣は純粋な観光地。

赤瀬川　奈良時代の終わりというと、東寺のできるちょっと前になるのかな。

山下　そうですね。でも、ある意味では東寺とは対照的。清水寺の本堂は一応国宝だけど、それ以外に美術全集に載《の》る宝物《ほうもつ》が基本的にない。朝日新聞社の『日本の国宝』だと、東寺は三冊分あるのに、清水寺は「その他」の巻に本堂の写真が一つ出てるだけ。（編集部注・清水寺では、故大西良慶和上以来のポリシーとして仏様への美術的調査を受け入れていない。仏様は、美術鑑賞対象ではなく、あくまでも信仰対象と考えているため）

赤瀬川　金閣はまったく入れない（笑）。

山下　そう。なのに観光客が行く順はまったく逆。面白いですね。そういうわけで、ここに持って来ようと思って資料を探したんだけど、ほとんどなかったんです。ぼくは一応「知ってること」が職業だから、予習してるんですよ（笑）。

赤瀬川　おかげさまで、助かってます（笑）。

山下　清水寺で買った絵葉書もぜんぶ風景写真で、寺宝の写真は一枚もない。いっぽうの東寺には国宝がゴロゴロしてる。魚のブツ切りみたいにね（笑）。観光の在《あ》り方《かた》と美術の在り方の差が際立ってますね。

赤瀬川　美術と思想ね。清水には思想を感じない。

山下　ほんとに感じない、お坊さんには悪いけど。でも行った人はみんな満足して帰ってますよ。

赤瀬川　うん、満足感はあると思う。舞台の上から京都の町を見て、奥の院から舞台の全体を見て、帰りに下から木組《きぐみ》を見上げて「さすが」と思わせる参拝コースもなかなかうまくできてる。そもそも思想を求めては行かないから、知識がなくてもかまわない。一種のブランドですよね。私もブランドを持てたという満足感。それがまずあって、というかそれだけ。でも健康。

山下　いまは、お寺だと思って来てる人はまずいないでしょう。

赤瀬川　まさに観光地。カップルで行くにはぴったりですね。舞台で下を見て「きゃ、

左＝打ち出の小槌を、エイエイオーとばかりにふり上げている大国主命と、となりで紙垂（しで）を持って立っているウサギに注目
下＝縁結びのお守り「愛のちかい」も見のがせない。コンドームみたいなパッケージがイカす

上＝五十数点の扁額式の絵馬のうち５点は重要文化財。宝蔵殿に収蔵されている
右＝清水寺の秘仏、十一面観音のお前立ち。33年に一度公開される本尊の代わりに安置されている

怖い」とか言って腕をからめたりね（笑）。

山下　それで下のほうへ降りていくと人の通らないような道もあるし。うーん、最高じゃないですか（笑）。

赤瀬川　縁結び寺もそばにあるし。

山下　地主神社《じしゅじんじゃ》ね。あれは思想のなさを極度に推し進めてる。独自に暴走してるもんね。イランやハンガリーの人からの良縁御礼のお札が飾ってあったりした。そういえば、われわれに同行の編集長のTさん、やけに熱心にお参りしてましたよ（笑）。それにしてもあの「攻めの観光」はすごかった。たぶん最近あんなふうになったんだろうけど、地主神社と清水寺の関係を聞いてみたかったですね。

赤瀬川　今日、あそこに一人じっとしゃがんでる相当ワケありの女性がいましたね。ちょっと気になって、ずっと見てたんだけど……。

山下　『京都、オトナの修学旅行』じゃなくて、『京都、ワケあり感傷旅行』みたいですね（笑）。だからワケありもワケなしもすべてを受け入れる寛容さが清水にはある。

赤瀬川　観光の粋《すい》だから、ワケありの人が行っても気持ち良くなるというところがあるんだね。人生、清水の舞台から飛び下りたつもりでやり直そうとか。

山下　そう、観光の粋ね。

赤瀬川　ああこれがあの清水の舞台かっていう確認作業ができると、納得できるし、落ちつくよね。

山下　観光と信仰の合体！

赤瀬川　「結合」くらいがいいんじゃない、ここでは（笑）。それがきわめて幸福に成立している。

次のご開帳は二〇三三年

山下　今日は秘仏の御本尊を拝めて良かったですね（註　取材した平成十二年はちょうど本尊の公開年だった。三月三日〜十二月三日）。三十三年に一度のご開帳がミレニアムに当たってるなんてすごいですね。もちろん偶然でしょうけど。

赤瀬川　それをぼくらも今回見られたわけね。山下さんは次の機会があるかもしれないけど、ぼくはちょっとね（笑）。

山下　次は赤瀬川さん九十六歳。たしかに無理かな（笑）。秘仏の公開ってふつう一日だけとかなのに、十二月まで見せてくれるというのも親切ですよ。ふだんはみんな本堂の前を素通りしてるのに、さすがにすごい人でしたね。

赤瀬川　ふだんはどうなってるの？

山下　お前立ちといって、本尊のレプリカが扉の前に立っています。今日は裏側にありましたけどね。それと外陣《げじん》の欄間《らんま》に御正体《みしょうたい》という一種のレリーフもかかってる。だから秘仏になってるけど中に何があるかを存分に説明してくれてるわけね。でも、ふだんは内陣《ないじん》に上がってそれを見ようとする人はいないし、そもそも本尊があることも知らないんじゃない？

赤瀬川　ぼくも知らなかった。十一面千手観音《せんじゅかんのん》というのもすごいですね。手が二本だけひゅーっと上に伸びてて、その上に小さな像が載ってるのが変わってましたね。あれでほんとに手は千本あるの？

山下　千本つくるのは大変だから左右二十組で四十本が一般的です。この千手観音はもう二本分、救う力が強い。「清水型観音」って言うそうですけど、この観音さんの他に、清水寺には弘法大師《こうぼうだいし》も法然上人《ほうねんしょうにん》もまつられてて、阿弥陀如来《あみだにょらい》もいれば大日如来《だいにち》もいる。

赤瀬川　技のデパート舞の海、じゃないけど、仏教のデパートだね（笑）。ご本尊自体、ご利益大売り出し。

山下　デパートには、おもちゃ売り場もあれば屋上庭園もある。

赤瀬川　縁結びコーナーもある（笑）。
山下　だけどそれは悪い意味では全然なくて、とても大事なことだと思う。
赤瀬川　その厨子《ずし》の横に、東寺の選手控え室みたいに仏像がずらりと並んでるところがありましたね。
山下　二十八部衆といって、千手観音のおつきの人たちです。でも密集してるけど、東寺の講堂みたいに思想の汗くささがない。
赤瀬川　控え室というより客席かな。みんなちょっとうつむき加減にこっちを見てて。
山下　外陣に大きな絵馬がかかってたの、気づきました？　清水寺には長谷川等伯《とうはく》の息子の長谷川久蔵《きゆうぞう》、智積院《ちしやくいん》の桜の襖絵《ふすまえ》を描いた人の作とか、面白い絵馬がたくさんある。大事なものは保管されているけど、かけっぱなしになってた絵馬の中にも江戸時代のがけっこうある。
赤瀬川　これは願をかけるお金持ちが、絵師に描かせるわけ？
山下　そう、一種のステイタス・シンボルなわけです。有名な絵師に描かせて、自分の名前の入った絵馬が有名なお寺や神社にでかでかとかけられるというのがね。
赤瀬川　絵馬もそこまでいくとすごいね。
山下　たくさんの人が来るところには、絵馬をかける意味もすごくあるわけです。いまなら新聞の紙面を買う広告みたいな意味もあったと思う。信仰と観光が結合した清水寺だからこその力。

赤瀬川 信仰はあっても修行という感じがまったくないのが気持ちいい。そもそも坂道の昇り方からして修行はないよね（笑）。観音さまはみんなに手をさしのべてくれると言うけど、ほんとにそうだね。

山下 「まっ、いいか」ってところは日本人に合ってますね。これは一つの老人力。清水寺に老人力を見た？（笑）

赤瀬川 ちょっと無理があるけどね。

山下 まあ、そういうことにしといてください。

ミカドの留守番130年

京都御所

京都中心部の地図のほぼ真ん中に、
周囲４キロの長方形の緑地がある。
ここ京都御苑は、市民の憩いの場であり、
東西南北の横断通路でもある。
しかし、土塀で囲い込まれた御所の中へは、
春と秋の一般公開以外は参観許可書なしには入れない。
天皇のいない御所とは、いったいなんだったのか？

The Excursion
For Adult

京都御所《きょうとごしょ》

東京遷都まで歴代天皇が生活していた京都御所。京都御苑の中央に位置する。入母屋造の紫宸殿、清涼殿、小御所などの建物は、ほとんど幕末の再建。春・秋にそれぞれ５日間一般公開されるが、それ以外は事前申し込みが必要。ふだんは非公開。南北1.3キロメートル、東西700メートルの御苑敷地内には、かつては院の御所や公家の屋敷があったが、遷都をきっかけに公園化された。御苑内は散策自由。

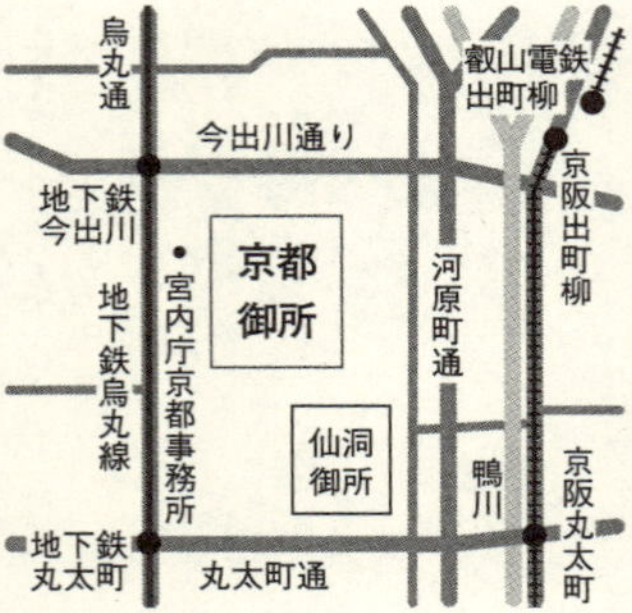

京都市上京区
京都御苑内
電話／075・211・1215
（宮内庁京都事務所）
拝観／事前に宮内庁ホームページからオンラインで申し込む（直接、宮内庁京都事務所窓口でも申し込みできる）
日時・拝観時間についての詳細は宮内庁京都事務所へ
交通／地下鉄烏丸線今出川駅下車、徒歩５分。市バス59、201、203系統で烏丸今出川下車５分

山下　ぼくは御所の中に入ったのははじめてですが、赤瀬川さんは？

赤瀬川　ぼくも十年以上前に路上観察学会で来ましたけど、塀の中ははじめてです。

山下　あの塀はきれいでしたね、五線譜みたいで。塀の中が京都御所で宮内庁、外は京都御苑《ぎょえん》で環境庁の管轄。センサーまでつけちゃって、区切る意識は相当強いみたい。今回は一般参観者の人たちと一緒でしたね。特別観覧を頼んだんだけど、特別扱いは一切なしということで、通常の見学コースを歩いたわけです。だから平等という意味ではじつに正しいですよね。われわれも、いつも特別扱いされちゃいけない（笑）。しかし待合室で見た団体さんたちの年齢層の高さはすごかったですね。

赤瀬川　そうそう、迫力ありましたね。東寺の「弘法さん」の市《いち》に来ているお客さんにちょっと近かった。日本の相当奥まったところから出てきたというか……。

山下　京都へ来るのははじめてという感じの人が多かった。みんな、お行儀よく座って待ってたのにはびっくりしましたね。

赤瀬川　天子さまのところへ来たというんで、かしこまってるんでしょうね。とにかく御所は宮内庁だから、ものものしいというか規則正しくて、何となく軍隊調でしたね。

山下　追加で頼むこともできない。コースが全部決まってて一品料理はなしという感じ。

赤瀬川　おかわりもなし。
山下　つねに監視の目が光ってましたね。「スナップ程度の写真はかまいませんが、遅れないようについてきてください」って。でもわれわれは、変なものばかり撮ってたから目をつけられてましたよ。
赤瀬川　ルーブル美術館でもそうだったけど、やっぱりカメラを下に向けて撮ると、だいたい変な目で見られるね（笑）。ルーブルは室内にも地下に入るマンホールのフタのきれいなのがあるんですよ。
山下　でも御所には変なものが基本的に少なかったですよね。

休憩所でお行儀よく案内を待つ甲府から来た団体さん。農協旅行が盛んだった時代を彷彿させる

赤瀬川　ぼくは建物だけ撮ると絵葉書みたいになるから、そうじゃないものを探してました。リヤカーで作業してる人とか、休憩所の横にあった消防車とか。あの扇子を持った案内の人と控えの人は職員さんでしょうね。後ろにもう一人、コートを着てイヤホンを耳にした人がいたけど「私服」かな。空手でやられちゃいそうでコワかった。

山下　腕章に皇宮《こうぐう》警察ってありましたから、当然、柔道もやってるでしょうね。

赤瀬川　そのわりに入口で所持品検査をされなかったのは意外でしたね。

山下　御所はふつうの観光地とは違って、ぱっと行って見られるわけじゃない。でも手続きを踏めば拝観料とか一切ない。

赤瀬川　観光というよりは、お参りという感じですよね。戦前は天皇制は一種の宗教みたいなものだったからね。

山下　そう、信仰の対象ですよ。修学旅行はおそらく受けつけてないでしょ。そもそも日教組が反対するよね。子供たちも来たいとは思わないだろうし。建物を見て感動するってことも基本的にはないですよね。他の人も、わあすごいとか、わあきれいという反応はしてなかった。

赤瀬川　驚くのはまず広さですよね。それと、ここに天皇がいたってこと。

山下　今日見に来てた人にとっては、別に建物がどうというより、ここに天皇がいたということのほうが大きいんじゃないかな。

赤瀬川　信者にとってはそれでいいのかもしれないね。ものすごくていねいなつくりになっていて、すばらしいと。さすが雲上人《うんじょうびと》はわたしらとは違う、と納得して帰っていく。

たった一年で建てちゃった紫宸殿

山下　いま御所の中にある建物は、一八五四年、安政元年というからペリーが来た次の年に焼けて、その次の年に再建したもの。明治維新のわずか十三年前の建物なんです。でも、そういうこと、みんな知らないですよね。

赤瀬川　一年間であれだけのものをつくっちゃった、っていうのはすごいね。

山下　焼けたのが四月で、翌年の三月に建築がはじまる。八月末に棟上げして十一月には孝明《こうめい》天皇が引っ越してきたというから、社会現象としても面白いですよね。その六十五年前の天明の大火で京都の町中が焼けたときも、内裏《だいり》が丸焼けになって、翌年の寛政元年（一七八九年）から工事にかかっていたのに、また焼けちゃった。

赤瀬川　花火で焼けたという建物もありましたね。

京都御所・承明門（じょうめいもん）から紫宸殿をのぞむ（上下の写真提供／宮内庁京都事務所）

上＝このモンドリアンふう渡り廊下は、戦時中、空襲による類焼を避けるためにとり壊されたという
下＝紫宸殿の高御座（たかみくら）

山下　小御所《こごしょ》ですね。あれは昭和二十九年に鴨川の花火が飛び火して焼けちゃって、三十三年に建て直したというから、ぼくと同い年です。京都ってどこへ行っても火事の記憶だらけ。いままで火事の話ばっかり聞いてますもんね。戦争中、空襲があるかもしれないというので壊しちゃって、昭和四十年になって復元したという渡り廊下もありましたね。

赤瀬川　焼夷弾《しょういだん》というのは、日本攻撃のためにアメリカが発明したそうですよ。日本家屋は爆弾より燃やしちゃったほうが効果的だって。

山下　アメリカ軍は、日本は燃えやすいってことに気づいたんだな。また京都はとくに燃えやすい。碁盤の目に沿って紙と木切れを散らしたような町だから。

赤瀬川　平地だしね。

山下　考えてみたら京都の町なかに、ほんとに古い建物ってないですね。みんな古いと思っているだけで。慈照寺《じしょう》の銀閣と東求堂《とうぐどう》が室町の建物で、あと平等院は平安時代だけど洛中じゃないですから。

赤瀬川　火事の都、京都（笑）。

山下　寛政の再建のときに、朝廷が清涼殿《せいりょうでん》と紫宸殿《ししんでん》は平安朝と同じにしてほしいと幕府に頼んだんで、建物も襖絵《ふすまえ》も平安復古したんです。裏松固禅《うらまつこぜん》という公家の故実家《こじつか》なんかが出てきて、相当みっちりやったらしい。

赤瀬川　そうか、御所といっても工事は幕府がやるわけね。

山下　当時の筆頭老中の松平定信が仕事を任されたんだけど、費用はかかるし時間もかかるから、頭が痛かったと思いますよ。幕府だって火の車ですからね。だけど、平安復古といっても、紫宸殿は平安時代の寝殿造《しんでんづくり》にくらべると、建物全体が大きすぎるし、外観はまったく違うらしい。江戸時代の人たちが必死で調べて平安朝風にしたわけだけど、禅宗建築の要素が混じってしまってる。個々の建築を「復元」という意識でつくってるから、トータルデザインというのがないんですね。

赤瀬川　だから建物に感動するっていうのがないんですね。

山下　でも、感動してる人もいるんですよ。新潮社の『日本名建築写真選集』の「京都御所」の巻に、小説家の辻邦生《つじくにお》さんが「実のなかの虚、虚のなかの実」という題でエッセイを書いていて、さっき読んで実は笑っちゃったんだけど……。「……最初の、月華門を入って、紫宸殿南庭を見たときの、異様な空白感に打ちのめされた瞬間に戻ってゆくようだ。……ただ白砂の広々と拡がるその南庭を見た瞬間、身体を寄りかかろうとして、思わず前につんのめりそうな感じに似たものを味わったのだ。白い空無――それがそのときの眩暈《くらめ》くような直感だった。私は息を呑み、その何もない庭を見

つめた」！（笑）

赤瀬川　息を呑んだり、つんのめったり大変ですね（笑）。コンピュータ・グラフィックスじゃないけど、「荘重」ボタンをぽんと押してできたコンピュータ文学みたい。

山下　でもこういう詠嘆調の文章はかえって珍しいほうで、御所に関する書物というのはだいたい学者が建築史を淡々と書いているだけで、どの本を見ても同じです。

赤瀬川　ぼくは名神高速道路ができた頃、年上の友人と三人で車を飛ばして奈良に平城京址を見に行ったことがあるんです。行っても何もないでしょ。でもその友だち、すごくうれしそうに歩きまわってましたよ。きっと歴史を一生懸命勉強していたから、これがあの歴史の舞台なのかって想像しながら歩いてたんでしょうね。ぼくは何もわかんないから不思議だったけど。かえって何もない地面のほうがわかるというか、歴史を勉強した人には感慨深いかもしれない。なまじ再現されているとね……。

治外法権の襖絵がゴマンと

山下　御所には襖絵《ふすまえ》がやたらあるんですよ。今日は最初の諸大夫《しょだいふ》の間の、虎の間、鶴の間、桜の間の襖絵がちらっと見えたくらいですけど。

赤瀬川　虎の間の襖絵は水墨だったけど、誰が描いたものですか。

山下　岸岱《がんたい》といって、虎描きのスペシャリストです。なかなかいい絵なんですけどね。虎の部屋は公卿《くぎょう》の控えの間だから、三つの中で一番位が高い。次が鶴の間で、京都の狩野《かのう》派の永岳《えいがく》の絵。桜は原在中《はらざいちゅう》の孫の在照《ざいしょう》が描いています。年表には「一八五五年、京都の絵師九十七人へ、内裏障壁画御用《だいりしょうへきがごよう》を仰《おお》せつける」とあるから、要するに幕末の京都の画家を総動員したゼネコン仕事なわけですよ。

赤瀬川　ゼネコン狩野株式会社も参加したわけ？

山下　狩野派もまだ勢力が強くて、土佐派とともにかなりのスペースを占めてますけど、京都であらたに興《おこ》った円山四条《まるやましじょう》派とか鶴沢《つるざわ》派とかいろんな流派が参入している。一年でやっちゃうために学徒総動員。だからけっこういい加減な絵も混じってますね。

赤瀬川　いまだったら山下さんが好きな会田誠とかに仕事がまわってくるって感じね（笑）。要するに万博ですね。万博って一年くらいでつくっちゃうでしょ。

山下　万博美術館（笑）。幕府がもう傾きかけてた頃だから、よけいに力が入ったんでしょ。一応、御所にある襖絵はすべてこの『皇室の至宝　御物』（毎日新聞社刊）の障屏《しょうへい》・調度の巻に出ていて、これ二冊丸ごと襖絵なんだから大量にある。

赤瀬川　どの絵もカラフルですね。霞《かすみ》は直線で色つきですね。

山下 平安以来の伝統で、青い霞が一番オフィシャルな描き方です。

赤瀬川 これが全部あの建物の中にはまってるわけ？

山下 と思いますよ。見たことないからわからないけど。こんなに襖絵があるのに、ぼくも一回も来たことがなかった。美術史の研究をしてて御所に入ったことがないという人はけっこう多いと思いますよ。全部幕末の絵だから、ほとんど研究対象にはなってないんです。それに御物《ぎょもつ》というのは文化庁の管轄ではなくて宮内庁だから。

赤瀬川 治外法権なわけですか。

山下 そう。国宝・重要文化財は文化庁が指定して守るんだけど、御物というのは国宝とか重要文化財とかの外のものなんですよ。文化庁のランクづけは受けない。

赤瀬川 そうすると皇居の中にあるものは、どんなものでも御物なの？

山下 まあ、そういうことですね。御所の襖絵は幕末のゼネコン仕事だから、民間にあったら指定の対象にはならないですよ。でも画題はありきたりだけど、図版をよく見ると、丹念ないい仕事をしてるものもありますね。

赤瀬川 技術的には相当いいものがあるんじゃないかと思う。ぼくは見たいな。二条城のときのように、山下さんが教えた人を送り込んで、懐中電灯を持って見に行きましょう（笑）。

路上物件「御所の細道」再発見！

山下　赤瀬川さんが路上観察学会で京都に来るようになったのは何年前ですか。

赤瀬川　十四年くらいになるかな。京都となればまず御所を攻めなければというので行ったんだけど、だだっ広くてね。ここではたして勝てるか。勝つというのは何か路上観察学的な獲物を撮《と》ってくるって意味でね。そのうち夕方になって、誰かが自転車が砂利にできた一本の細いわだちを走ってくるのに気づいた。ずっと見てると、どの自転車もそこを通ってて、あっちからとこっちからとすれ違うときには、道を譲ったりしてる。そこに藤森照信《ふじもりてるのぶ》さんが「御所の細道」ってタイトルをつけた。これで御所に勝った！って大喜びですよ（笑）。

山下　これがそのときに撮られた写真でしょ。

赤瀬川　そうそう、変わってませんでしたね。

山下　いやいや、よーく見ると門の前あたりの蛇行具合がちょっと変わってますよ。

赤瀬川　あっ、ほんとだ。流れが変わったんだ、時代の（笑）。これは面白い発見だ。あと今回見つけてすごかったのは桜松。洞《うろ》になった木から別の木が生えるというのは、南国とかによくあると言えばあるんだけど、あの木は倒れてたでしょ。

山下　草月流みたいでしたね。ナチュラル草月。勅使河原宏《てしがわらひろし》さんに見せたい（笑）。平成八年に倒れたというから、赤瀬川さんたちが前に来たときは、まだ立ってたわけですね。

赤瀬川　だから気づかなかったのか。手前の桜の枝は、倒れてから根を張ったみたいでしたね。あの桜はまだ生きてて花が咲く。植物なんだけど「植物状態」ではない（笑）。あの木は御所の人たちが保存しようとしたのかな。

山下　あそこは御苑だから環境庁ですよ。

赤瀬川　あれはいい仕事してるなと思った。一番感動しましたね。

山下　御所の建物も、あの桜松みたいに植物人間状態じゃない保存の仕方をしたらいいと思うんだけど。生活感がないのに、平安時代の生活という観点ばかり説明しようとしてる。ああやって案内されると距離ばっかり感じますよね。

赤瀬川　そうそう。御所は野球場何個分て言ってましたっけ？

山下　御所だけで野球場が三つ入って、塀にそって一周すると一・四キロ。御苑を合わすと、野球場二十五、六個分で、外周は四キロだっていうから、広さを持て余してるところもある。これを維持するのは大変ですよ。平成元年から屋根の葺《ふ》き替えをは

「御所の細道」を自転車が行く。14年前に撮った写真が右。当時とわずかにカーブが違っている？

樹齢100年のクロマツが枯れてできた空洞に、ヤマザクラが根を張った「桜松」
平成8年4月に桜ごと倒れたあとも、毎年桜の花が咲く

じめて、終わるのが平成二十五年の予定だって。

赤瀬川　その頃には、最初に直したところがまた傷んでる（笑）。

山下　多分その繰り返しでしょうね。

赤瀬川　形をずっと維持していくという意味では、恒久的な伊勢神宮。でも、真ん中は空洞。

山下　でもその空洞の保存のされ方は、みごとですよね。

赤瀬川　民間の企業で考えたら、とてもできないですよ。

山下　結局、京都御所は脱《ぬ》け殻《がら》なんですよね。

赤瀬川　日本の文化は、脱け殻を維持することに価値を置いてるんでしょうね。

山下　御所って京都の中心でしょ。そこが空洞化していて何にもないというところが面白いんですよ。皇居も東京の人は行かない。中に三《さん》の丸尚蔵館《まるしょうぞうかん》という美術館があって無料なのに。

赤瀬川　ぼくは一度、皇居のそのあたりに入ったことがあって、何もないんだけれど、京都の脱け殻とはちょっと違いましたね。葉っぱももう少し艶《つや》があるような……。風土の違いもあるだろうけど。

山下　皇居は実際に人が住んでますからね。御所は江戸の終わりにせっかくきれいに建て直したのに、すぐ皇室は東京に移って誰もいなくなっちゃった。

赤瀬川　それはいつですか。

山下　明治二年で明治天皇は十七歳だった。でも、幕府がなくなって最高権力府になったから、天皇がいなくても守ってきたわけです。それで、大正天皇と昭和天皇はここで即位式をしたんだけど、いまの天皇は御所から高御座《たかみくら》とか儀式用の道具を運んで東京でやった。

赤瀬川　それからずっと留守なんだ。あれはほんとですか。京都の人は天子さまが帰ってらっしゃるのをずっとお待ち申しているというのは。

山下　天皇は京都に帰ったほうがいいという人もいますけどね。

赤瀬川　ただ大変だろうな。いまの皇居は近代建築でしょ。京都御所は立派だけど、エアコンとかないし、広すぎて生活するとなったら大変。われわれにはとてもできない。象徴として生きるのは大変ですね（笑）。

純粋な贅沢を死守してきました

桂離宮

京都市の南西、やがて淀川となる桂川を渡ったところに、
笹竹の垣に囲まれ、ひっそりたたずむ一角がある。
昭和初期にドイツ人建築家ブルーノ・タウトが
「日本美の粋」として絶賛した桂離宮。
かつては宮家の別荘で、現在は宮内庁の管理となっている。
ガイジンがほめたからすごいのか、
ほんとにすごいから、ガイジンがほめたのか……。

The Excursion
For Adult

桂離宮
かつらりきゅう

八条宮智仁、智忠親王の父子によって造営。智仁親王は秀吉の養子であったが、のちに秀吉に実子鶴松が生まれたことにより、八条宮家を興した。元和６年（1620年）頃より造営を開始。智忠親王が後を継ぎ、約50年にわたる造営と改修を経て完成した。心字池を中心に雁行形に建てられた、古書院、中書院、新御殿や、松琴亭、月波楼などの茶亭がある。見学は事前申し込みによる予約制。

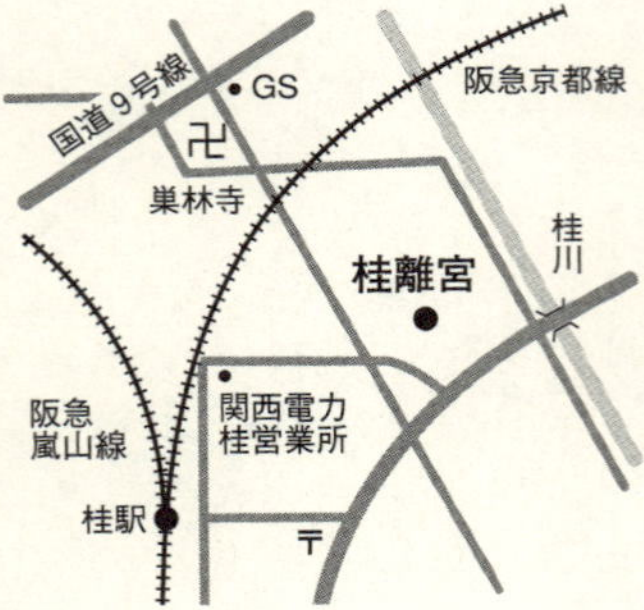

京都市西京区桂御園
電話／075・211・1215
（宮内庁京都事務所）
拝観／事前に宮内庁ホームページからオンラインで申し込む（直接、宮内庁京都事務所窓口でも申し込みできる）
日時・拝観時間についての詳細は宮内庁京都事務所へ
交通／市バス33系統で桂離宮前下車、徒歩５分。または阪急電鉄桂駅下車、徒歩20分

山下　赤瀬川さんはたしか桂離宮は二回目でしたね。前に行かれたときとの印象の違いは？

赤瀬川　雨か晴れかの違いは大きいですね。今日の雨はすごく良かった。雨に濡れて、苔も石も良くなる。前に行ったときは松琴亭《しょうきんてい》の縁側につくった土の竈《かまど》がほこりっぽくて、妙に貧相に見えてね。利休の映画の頃ですから、いまよりもっと「職業・知らないこと」だったせいもあるけど（笑）。

山下　でもそんな「知らない」ときに桂離宮を見られるなんて、贅沢《ぜいたく》なことしてますよね。

赤瀬川　ものすごい贅沢。もったいない。豚に小判というかね。

山下　豚に小判？（笑）

赤瀬川　あっ、猫に小判か（笑）。そのとき和風のものってけっこう直線がシャープなんだなとは思った。でも今日みたいには感動しなかったですね。

山下　それはやっぱり「日本美術応援団」の団員を長年やって……。

赤瀬川　日本美術に近づいているからね。前はマクロレンズをつけずにいきなり近くで見たみたいで、ピントが合わなかった（笑）。今回はピントばっちり。老眼でも大丈夫。まして今日は雨でしっとりしてたから、たまらなかったですね。

山下　二十年ぐらい前から昭和の大修理をしてますから、貧相な方向に振れてるものはなくなったんじゃないですか。御殿の整備工事が昭和五十一年から五十七年。引き続いて、茶室の整備工事が昭和六十年から平成三年。そうすると赤瀬川さんたちが行かれたのは茶室の整備工事をやってる最中だから、現状とはかなり違っていたと思いますよ。

赤瀬川　工事をやってるふうには見えなかったけど、そうだったんだ。一番有名なのは御殿の障子と柱の直線ですよね。それと松琴亭の市松の襖《ふすま》とか、直線にある種の潔癖症みたいなのを感じる。

山下　見得《みえ》を切るような直線の使い方。

赤瀬川　飛び石にしても、どこかで使ってた石を再利用したような、直線のハギレみたいなのがありましたよね。ああいう直線がいい。気が楽になるんだな。

山下　あと片身替《かたみがわ》わりのような石も多かった。柱の石はすごいですね。数としては、飛び石だけで千三百個あるそうですけど、一個一個選んでる。凝《こ》り方《かた》が半端じゃないって感じ。真行草《しんぎょうそう》、三種類の飛び石があるって言ってましたね。

赤瀬川　石は創建当時のままなんですか？

山下　基本的にはそうでしょう。手を抜いていないということに関しては完璧。そこが御所とは全然違う。

赤瀬川　御所はやはり趣味がないというか、やたら広くて人間が住むところとは思えない。こっちは人が住んで楽しんでいたというのが想像できる。人の動きに合ってるという感じがします。

山下　御所は復元が目的ですからね。こっちは隅々まで完全にデザインしている。

赤瀬川　誰がデザインしたの？

山下　昔は、公武作事奉行だった小堀遠州《こぼりえんしゅう》作と言われていたんですけど、その後の研究でその説は否定されて、じつはよくわからない。おそらく基本的なデザインには、施主の八条宮智仁《としひと》親王と智忠《としただ》親王親子の趣味が反映していると思いますよ。

赤瀬川　設計図だけであとは下請けに出したというのが御所で、桂は設計から施工まで職人がみっちりいい仕事をしてる。

山下　なんせ御所は一年でつくってるんですから（笑）。ここは親子二代半世紀ですよ。御所がゼネコンのビルなら、桂は注文住宅の極致。赤瀬川邸のニラハウスといい勝負でしょう（笑）。藤森照信《ふじもりてるのぶ》さんみたいにほんとに気の合う施主のセンスを理解してくれる建築家に頼んで、しかもその建築家が一番信頼している工務店に単体で頼んだという感じですかね。

赤瀬川　歩いてみて、それはほんとに感じましたね。

山下　智仁親王は一時、豊臣秀吉が養子にしたんだけど、秀吉に鶴松が生まれたから、八条宮を興《おこ》して三千石を与えて優遇した。ここも徳川家からもらった領地で、別荘を建てる資金も潤沢《じゅんたく》だったわけです。

狩野派三兄弟の襖絵は手抜き？

山下　ぼくは、実は桂離宮ははじめてなんです。なんではじめてなのかと言うと、やっぱり面白い絵がないからなんです。絵はあることはあるんですよ。中書院《ちゅうしょいん》の襖絵も、だんご三兄弟、じゃなかった狩野《かのう》派三兄弟、探幽《たんゆう》、尚信《なおのぶ》、安信《やすのぶ》の絵とか言われているんだけど、はっきり言ってつまんない。探幽と言われてる絵だって、こんなに下手じゃないだろうって感じがする。狩野派が適当に描いた絵があるだけだから、美術全集に桂離宮の障壁画《しょうへきが》が絵としてとり上げられることはないですね。

赤瀬川　施主さんのほうにもあまり絵に対する意識というか、はっきりした好みがなかったのかな。建物がぴしっとできすぎているから絵がかすむということもあるけど、逆にかすむようにつくってあるのかな。

御殿・中書院の襖絵は、狩野探幽、尚信、安信の三筆と伝えられる。はたして手抜きか？
（2点とも写真提供／宮内庁京都事務所）

1300個あるという飛び石の凝り方はハンパじゃない。石の造形がみごと

山下　それも考えられなくはないんですよね。真っ白な襖ってことはありえないですから……。

赤瀬川　ゼネコンだから描かないわけにはいかないのかな？

山下　そんなにバリバリ描くわけにもいかないしって。全部水墨画で、絵画史から見ると、桂が造営された時代の狩野派のスタイルではある。だけど手を抜いてますよ。

赤瀬川　ぼんやり見ても、絵の主張っていうのがないよね。

山下　全然ないんですよ。邪魔しないように、みたいな感じで描いてる。

赤瀬川　むしろ、施主のそういう意思が反映しているのかな。襖絵というのは建物ができてから描くわけ？

山下　少なくとも設計はできてからでしょうね。

赤瀬川　建物を見て、これは描いてもしょうがないと思ったのかな。

山下　そのへんのことを考えてみると面白いですよね。絵だけはゼネコンに発注しちゃったのかもしれない。だから桂離宮の襖は、引手《ひきて》とか釘隠《くぎかく》しとか唐紙《からかみ》のほうが有名でしょ。親王の留守中に長谷川等伯《とうはく》が来ちゃって、円徳院みたいな調子で、ここの唐紙にずぶずぶって絵を描いたらぶち壊しですよ。〝乱暴力〟じゃ、だめ。

赤瀬川　そうだろうね。そこが面白いんですね。

山下　たしかにこの建物と襖絵とは共存しないですよ。絵はないほうがいい。だから狩野派だって困っちゃったんだろうと思う。施主のほうも「まっ、いいか」って。この気の抜け方って不思議なんですよね。

赤瀬川　いちおうしきたりとして襖絵を頼まないわけにもいかないし、それで頼んだんだけど、あまりにも空間とか材質のデザインが行き届いているんで、絵師のほうがちょっとおののいたのかもしれない。

山下　でも、これだけ隅々まで建築デザインが行き届いているのに、どうして絵がこんなにつまらないんだろうということを誰も言ってないんですよ。建築史の人も絵には口出ししないみたいなところがあって。とくに絵画史って〝聖域〟だと思われちゃってるんですよね。下手に素人が言えないみたいな。そんなことはない、どんどん言ってくださいって、ぼくなんか言ってるのに。

赤瀬川　芸術と言った途端、垣根ができちゃう。建築だって芸術だけど、それとこれとはちょっと違うって。桂離宮に合う絵も考えられると思うんだけど、ゼネコンにそういう絵ができるかというと、それはない。

山下　それだけのセンスを持った画家は、なかなかいなかったと思いますよ。

ブルーノ・タウトの「桂離宮神話」を見極める

山下　ぼくが今日一番印象的だった言葉は、あのベテランの案内の人が言った「死守する」。日本の文化財の粋《すい》として死守しているんです、という言葉でしたね。

赤瀬川　若い案内人の場合はそのへんがちょっと甘くて、死守の気持ちが足りないみたいな言い方もしてましたね。

山下　なんせ一度も焼けないで三百八十年経ってる建物ですからね。ただ何度も解体修理をしていますから、古色は基本的にはない。

赤瀬川　臓器移植を繰り返しつつ死守しているわけですね。

山下　金閣のように金ピカを維持するというのじゃなくて……。

赤瀬川　造形そのものを、ですね。

山下　だからかなり本質的なところをきちっと維持しているということはたしかだと思う。相当徹底してやってますよね。

赤瀬川　宮内庁のものだし、和風の原点みたいなものだし。

山下　ぼくは日本の「伝統」をごたいそうに守ってますよ、みたいな姿勢に対しては、疑い深い。嘘くさいなと思ってるところが基本的にあるんです。でもここはやっぱり、そうそう大勢の人を入れるわけにはいかんな、というのはわかりますね。

赤瀬川　そうそう、修学旅行生を入れるわけにはいかないでしょ。

山下　写真撮るくらいはいいと思うんだけど。

赤瀬川　ほんとに好きで撮るならいいけど、でも記念撮影となると、建物の前に人が立って、ちょっと遠くからというのがほとんどでしょ。

山下　全員がそれをやりだすと、苔は踏み荒らされてしまう。それに参観の軍隊的な隊列も乱れて、立て直しようがなくなってしまうでしょうね。今日も皇宮警察が末尾にいましたね。何でイヤホンつけてるんだろう?

赤瀬川　本部があるんですよ。六〇年安保の時代から、私服というのは、扇子の端がちょっと見えてるというのとイヤホンつけてるというのでわかったんですけどね。

山下　くわしいですね(笑)。さすが、元「被告」。

赤瀬川　死守するという言葉を聞いて、日本文化の性質をつくづく感じましたね。日本文化って、死守しないとすぐ消し飛んじゃう。そんなところを見ると、かえってありがたいと思うわけですけど。

山下　月波楼《げっぱろう》の絵馬は、まっ黒でほとんど舟の絵が見えなかったでしょ。建物は修復てないと思う。絵が一番死守されてないことはしてない。絵を繰り返しているのに、絵の復元模写みたいなことはしてない。

赤瀬川　絵は建て直せないからなあ。苔だって踏んだらおしまい。外国人は苔を踏んでましたけどね。日本語の解説だから無理もないんだけど。

山下　今日は外国人が二組いましたね。ぼくはこの際だから、外国人の反応を聞いておこうと思ってインタビューしたんです。そしたら二組ともはじめてじゃないんです。セカンド・タイム。ぼく、負けてるんですよ（笑）。一組はシカゴからで、もう一組のニューヨークから来た老夫婦は、フランク・ロイド・ライトが設計した家のオーナーなんですって。

赤瀬川　それはすごいですね。きっとお金持ちなんだ。

山下　日本の建築のプロフェッサーに招待されて、十何年ぶりに来たんだって。ここはやっぱりすばらしいと。ライトの家に住んでるなんてのは、そもそも日本びいきなんですよね。

ところで、桂をこんなに死守するようになったのは、やっぱり日本びいきのブルーノ・タウトがほめてからなんですよ。昭和の大修理を記録したこの本の、宮内庁のえらい人が書いたまえがきにもタウトが出てくる。「これにはブルーノ・タウトが絶賛し、桂離宮を永遠なるものとして紹介し、世界的に名声を博せさせたことも原因していたようだ。タウトはあらゆる決定的な点においていかなる日本住宅よりも文字通り簡素であるという。桂離宮はどんな日本住宅よりもすぐれた趣味と優美な構成とを備えているともいう。昭和八年と九年のいずれも初夏、タウトはつつじがまっ赤に燃え盛る時期に桂離宮を訪れている。すぐれた建築家の目は、洛西の青空の下、つつじがいかに爛漫であろうが美の本質を見抜いて誤ることがなかった。桂離宮はタウトが見たその通りに復元されたのである」。タウトが見た通りに復元したって言うんですよ。で、井上章一さんが『つくられた桂離宮神話』（弘文堂刊）っていう本で冷水をぶっかけたわけですよね。

赤瀬川　井上さんはどういうふうに言ってるわけ？

山下　この本は「いきなり自分の恥をさらすようだが、私には桂離宮の良さがよくわからない」とはじまる。そして「私自身ここを訪れるまでは空間造形の粋として桂離宮をイメージしていた。だが最初の拝観でこのイメージは覆された。私はまったく感激しなかった。なるほど雅びな雰囲気があるな、くらいには思う。しかし美的な感動というには程遠かった。正直にいえば退屈なところだなという印象しか残らなかったのである」。これはウソなのか、ほんとにニブイのか……。

赤瀬川　あえてビーンボール、危険球を投げたのか。でもそれがあの人の投球術でしょう。

山下　まず異議申し立てをしようということなんですね。われわれが日本美術に対してつねづね言ってることと似てはいる。だけど井上さんは文献をたどって言ってるから。

赤瀬川　だから彼の感覚は入ってないのかもしれない。

山下　ないんでしょうね。でも、タウトは心底すごいと思った。この本はタウトが桂で書いたスケッチを忠実に複製した画帖で、定価三万二千円、限定八百部、古本屋で見つけたんですけどね。二回目に来たときのスケッチで、四時間くらいいたと書いていますね。われわれは一時間くらいだったけど。

赤瀬川　二回のうち、雨の日はあったのかなあ。タウトのこのスケッチは筆で描いてるんですね。矢立《やた》てでもって書いたんだろうね。上手いですねえ。これは英語じゃないみたいだけど……。

山下　ドイツ語ですね。タウトはナチスに目をつけられて、ドイツから亡命して、日本の招待で来た。タウトはユダヤ人じゃないんだけど、ユダヤ人だっていう間違ったイメージが伝わったりしてる。日本に三年半いたあとトルコのイスタンブールの大学

縁側にくど（炉）構えと、裏に小間の茶室を持つ「松琴亭」。青と白の市松模様の床貼付は、月波楼から池越しに見ると、より鮮明で印象的
（写真提供／宮内庁京都事務所）

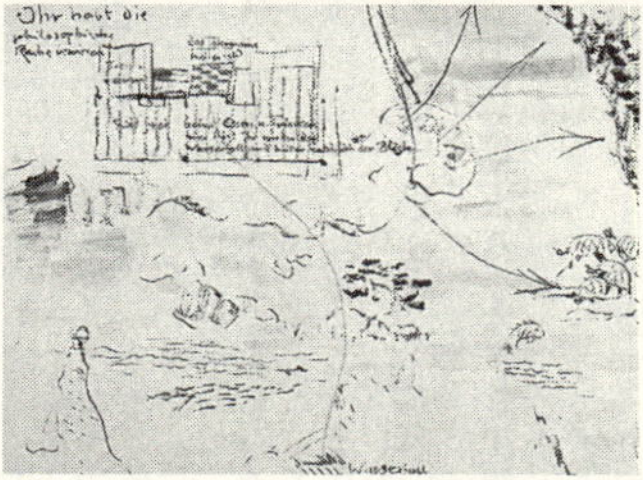

1934年にブルーノ・タウトが桂離宮で描いたスケッチ（『画帖　桂離宮』岩波書店刊）。左の松琴亭には青インクで、市松の床が描かれ、「床の間は明朗である」とメモ書きあり。日本美術応援団と同じ視線

に呼ばれていって、昭和十三年にアンカラで死んでいます。(画帖の絵を見ながら)これだこれだ、われわれと同じように月波楼から松琴亭を見てる。ドイツ語は読めないけど、この矢印が物語ってますよね。

赤瀬川　やっぱりね。池越しに見てる。やっぱりこの感覚を言ってるんだ。

山下　今日は池に雨の水紋ができて、ちょっとしびれちゃいましたね。

赤瀬川　月波楼は遠くから見ると妙ちくりんで、それ自体はあまり恰好いい建物じゃないですよね。でも最後にそこに行って、少し見下ろす感じに松琴亭のほうを見ると市松模様の襖が見える。

山下　遠くから見ることを想定したああいうデザインもにくいですよね。市松の床と襖は写真集にいつも大きく出るんだけど、遠くから見たほうが印象が強い。やっぱりタウトは感動しているんですよ。国際的な建築家が発見し、世界的なものだと認めたというので、それが増幅されて神話のようになっていく。となると文句を言う人も出てくるわけですよ。とくに建築史の専門家の中には、タウトを冷やかに見る人もいます。

赤瀬川　アメリカ大陸をコロンブスが発見したという言い方は、もともとアメリカ大陸はあったわけだから、たしかにおかしいけど、相対的な言い方をするとそうなんだよね。

山下　ぼくが今回、予習をしはじめて断念したのは桂関連の本、とくにタウト関連の本がありすぎる。外国人に「日本美の再発見」をされたがゆえに、感情的によじれてしまっているんですね。

赤瀬川　でもそれは文句を言ってもしょうがないですよ。浮世絵は印象派が発見した、というのも一面真実だし、だいたい日本の美術の語られ方はたいていそうでしょ。

山下　井上さんはそのあたりのところを整理しようとしたんだけど、逆説で飛び越していくから、建築史のほうからは総スカンを食ってるかもしれない。この本が出た昭和六十一年というと井上さん三十一歳だから、血気にはやったのかな。でもそこでこんなふうに開き直ると、それがほんとをもって迎えられることもあって、『つくられた桂離宮神話』はサントリー学芸賞を受賞しているんですけどね。

桂離宮のゴキブリでピュリッツァー賞?!

赤瀬川　ぼくら路上観察学会で藤森教授からときどき建築の講義を受けたりするんですけど、以前「和風はとにかく贅沢だ。建物だけで和風にはならない。空間があってはじめて成立するわけで、いま和風を建てようと思っても貧乏人には無理なんだよ」と言われた意味が、今日わかりましたね。和風というのはある種の質素さが基本になってるから、たしかに物だけあってもしょうがないのね。空間的な贅沢というのは、感じましたよ。「インペリアル・ヴィラ」ですからね。

山下　プールじゃなくて池つきのね。笑意軒《しょういけん》なんか、裏の瓜畠《うりばたけ》を耕してる農民を見て楽しんでた。だから基本的にはとんでもなくいやったらしい貴族趣味の極致ですよ。でも、いいんですよ。くやしいくらいに。

赤瀬川　そういうことを含めての造形の大胆さというか、切れ味がいいよね。

山下　われわれは素直ですね（笑）。見学中、笑意軒の畳にゴキブリがいたという話は面白かった。もしいたら、どんな罰を受けてもぼくは絶対に写真撮るね！

赤瀬川　ピュリッツアー賞ものだ（笑）。御殿の下の部分は縁の下なの？

山下　高床《たかゆか》式みたいなものですよ。洪水と湿気対策のために床を高くしたと言ってました。松琴亭が水浸しになったこともあったそうですから。

赤瀬川　桂川が近いからね。庶民感覚からいくと、こんなに縁が高い住居というのは不思議な感覚がありますよね。縁の下が裕福というか。

山下　庶民は食べるものがなかったのにね。ここは八条宮のあと、京極宮、桂宮の別

水害と湿気に備えて高くしたという床。下の空間が贅沢
（2点とも写真提供／宮内庁京都事務所）

松琴亭まで舟で来て、船着場で下り、手水鉢で手を清める。座敷の縁側で庭を眺めながらゆっくりお茶を飲み、また舟に乗って次の茶屋へ。うらやましい！

荘として使われてたんですけど、明治十四年に最後の宮さまが亡くなったんで、明治十六年に宮内省の管理に移されて「離宮」になった。

赤瀬川　それから庶民も拝観できるようになったわけ?

山下　いやいや資格審査がうるさくて、長いこと庶民は入れなかったし、戦前はモーニングか紋付き羽織袴《はかま》着用だったそうですよ。赤瀬川さんが元被告だったということがわかったら、入れてもらえなかったでしょうね(笑)。

赤瀬川　だめですかね(笑)。それにしてもあの中を舟で移動する感覚だけは、想像力では足りないですね。船のガレージがあって、各建物の前に船着場があって、そのそばに手水鉢《ちょうずばち》があって……。一度やってみたいな。タウトが見たときも舟はなかったのかな。

山下　タウトのスケッチには舟の絵がありますね。いつ頃なくなったんだろう。戦後かな。

赤瀬川　金閣にも池と舟がありましたね。

山下　あれも義満の別荘ですからね。でも、こうやってくらべると金閣って俗っぽいですよね。

赤瀬川　舟は乗ってみたい。そしてゆっくり岸に上がって、ちょっとお茶を飲んで。

山下　やっぱり酒を飲まなくちゃ。

赤瀬川　それぞれの建物で一杯ずつ飲んで、はしごをする（笑）。そういうことを実際やってたわけでしょ。

山下　この野郎って感じですよね。

赤瀬川　にくたらしい。この野郎じゃなくて、「こんにゃろ、こんにゃろ」って感じね（笑）。お金持ちの一番いい形だな。だから親子二代にわたって楽しんでつくった結果がこうなんで、見せびらかすためにやってる贅沢じゃない。趣味の中に直進してる。

山下　純粋な贅沢なんだ。

赤瀬川　純贅沢。純文学じゃなくて……（笑）。

山下　第一回純贅沢賞受賞作を宮内庁が死守しているわけですよね。

平安貴族が夢見たサンダーバード基地

平等院

みやこの東南、宇治市。
茶そば、茶うどん、茶そうめん。
かつて京都と奈良、そして近江を結んだ交通の要衝も
いまではお茶の緑一色の観光地である。
平安の栄華を極めた藤原道長の長男頼通が
浄土への夢を託した平等院は、
創建以来950年のいまも健在。
この平等院から「有名だけど、いい」
という名言が飛び出した。

The Excursion
For Adult

平等院
びょうどういん

藤原氏の全盛期であった永承7年（1052年）に、頼通が父道長の別荘を寺院にあらためたもの。この頃は末法思想が貴族や僧侶らの心をとらえ、極楽往生を願う浄土信仰が広く流行していた。そのような背景のもとに、翌年には阿弥陀堂（通称鳳凰堂）が落成し、堂内には当時の最高権威、大仏師定朝による丈六の阿弥陀如来坐像が安置された。平成13年には平等院ミュージアム・鳳翔館がオープン。

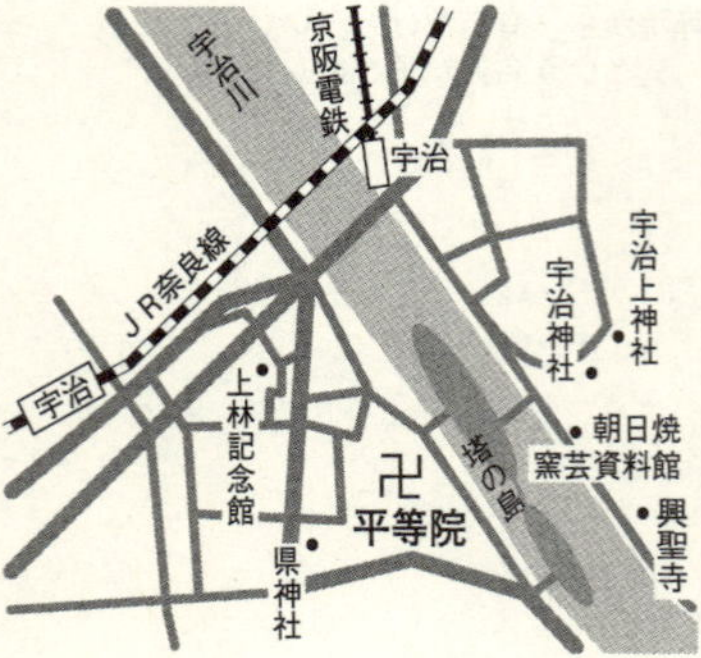

宇治市宇治蓮華116
電話／0774・21・2861
拝観／8時30分～17時30分（受付は17時15分まで）
休み／無
料金／大人600円
駐車場／民営駐車場が近くに有
写真撮影／堂内は不可
外観はスナップ写真程度なら可
交通／JR奈良線で宇治駅下車、徒歩10分。または京阪電鉄宇治線で京阪宇治駅下車、徒歩10分

山下　赤瀬川さん、平等院は何回目ですか。

赤瀬川　二回目。七〇年代の半ば頃に、漫画家の佐々木マキさんたちとなんか粋《いき》なことをしたいというので、矢立《やた》てを持って宇治へ行きました。そのときに平等院と聞いて、これが十円玉の表かと思って……。それぐらいの知識しかなかったから。

山下　最近は知らず知らずに知識が蓄積されてますから、もう「職業・知らないこと」じゃ通らない（笑）。

赤瀬川　河原に座ってお酒飲んだりしながら、一句詠《よ》もうということになって。なんと詠んだか覚えてないけど、ただ「粋」がやりたくてね。

山下　ぼくは十年ぶりぐらいじゃないかな。東大美術史学科では関西研修旅行というのがあって、平安のオリジナルのものがあるというので毎年のようにコースに入ってました。火事の町、京都で、九百五十年間焼けてないわけですからね。学生の頃と助手になって引率役で行ったのと合わせると、十回近くなるかな。今日は久しぶりという感じでした。

赤瀬川　前回は平等院の具体的な印象はあまりなくて、鳳凰堂《ほうおうどう》には入らなかったと思う。

山下　今日、入った印象はいかがでした？

赤瀬川　ぼくはあの丈六仏、好きだったな。やっぱり良かった。

山下　阿弥陀如来《あみだにょらい》ですね。阿弥陀如来を本尊《ほんぞん》にまつってるお堂だから、本来は阿弥陀堂で、鳳凰堂と呼ばれるようになったのは江戸時代以降です。阿弥陀は、死んだ人を迎えにきて、西方浄土《さいほうじょうど》へ連れて行ってくれる仏さまなんです。生前のおこないによって、松竹梅じゃないけどランクがあって、上品上生《じょうぼんじょうしょう》から下品下生《げぼんげしょう》まで九段階に分けられる。その九段階の来迎《らいごう》の様子をお堂の扉に描いてます。仏さんの頭上の天蓋《てんがい》とかの造作もすごかったですよね。

赤瀬川　あれが昔のままの色彩だったらすごいよね。

山下　天蓋には緻密《ちみつ》な透《す》かし彫りがあって、須弥壇《しゅみだん》には黒漆《くろうるし》に螺鈿《らでん》で宝相華《ほうそうげ》文様がびっしりあったというんですからね。

赤瀬川　あのご本尊の阿弥陀さまは、「ああ、有名だけどいいんだな」って思いましたね。

山下　有名だけど、いい！（笑）。これは名言！　高台寺では案内の人が「有名ですから、よく見といてくださいよ」って言ってたのにね。さすが、もとアヴァンギャルド。

赤瀬川　（笑）ほんと、素直にいいなと思った。ふっくらとしていて切れ味があると

鳳凰堂にまつられている本尊の阿弥陀如来。坐高は３メートル。まわりの雲中供養菩薩52体が本尊を守っている
Ⓒ平等院

いうか、やっぱりナマの力ですよね。

山下 仏師の定朝《じょうちょう》が工房を率いてつくったものなんですが、やっぱり親方も弟子も一生懸命つくってるんですよ。クレーンもなしに、こんなに大きなものをつくるのは大変なんですから。

赤瀬川 ずばっとした力がちゃんと出ている。

山下 定朝も〝乱暴力〟があった？（笑）でもシンプルな造形で、その前の時代の量感のある仏像と違って、体のラインなんか薄いというかすーっとしてますからね。定朝のスタイルは、これまでは乱暴力と正反対の、優美とか繊細とか和風とか絵画的とかといったワンパターンな語り方をされてる。平安後期は、遣唐使が廃止されて国風文化になり、和様で優美な貴族文化が花開いたその代表が平等院鳳凰堂であると、教科書では習うわけです。でも、そういう形容にはもう飽きた（笑）。

赤瀬川 ぼくは、正面の格子戸のところにある円窓が真ん丸じゃなくて、リンゴみたいな形の丸さなのがずっと気になってたんですよ。何か仏教的な円だろうなとは思ってたけど、ご住職は蓮の形だとおっしゃってましたね。

山下 池の向こうから見ると、あの中に仏さんの顔が納まるようになってる。真東を向いてるから、朝日が当たるときれいでしょうね。ぼくは前に、夜、本尊の顔にライトを当てたところを池の向こうから見たことがあるんですけど、それはすばらしかったですよ。ところで今日は雲中供養菩薩《うんちゅうくようぼさつ》は東京国立博物館の「平等院展」に出開帳《でがいちょう》中なので、複製が五体だけかかってましたね。

赤瀬川 実物が、東博で見た五十二体ですね。

山下 いつもは長押《なげし》の上の白壁にかかっているのを、うんと下から見上げるので、よく見えないんですけど、東博の展覧会では、間近で見られて良かったですよね。

赤瀬川 あれはとにかくきれいだった。ハンパじゃないっていうか。手の表情のやわらかさとかね。

山下 そう、指先が妙に細いんです。

赤瀬川 手だけ見てると西洋のリアリズムみたいだな。やわらかい手の、指のつけ根がへこんでふわっと。レオナルドのマリアの手みたい。

山下 顔とか手とか見てると一つずつ違うんですね。同じ定朝の工房でつくってても、彫った人の個性が出るんでしょうね。あきらかに下手な人もいましたもんね（笑）。

赤瀬川 そうそう。「番外」もありましたね。

山下 「番外」は面白かった。明治三十七年の国宝指定の際、この一体だけ鳳凰堂の中になかったんで、指定されなかったらしい。だから他の五十一体は「北1号」とか

「南25号」とか名前があるけれど、これだけ「番外」。卒業写真でマルの中に入ってるやつみたい。なぜ別のところにあったのかは、聞きそびれてしまいましたけどね。でも、「番外」って言い方はないよね。いったん書類ができたら撤回しない、みたいなお役所仕事的なメンタリティを感じますね。（編集部注・長らく「番外」と呼ばれていたが、二〇〇八年国宝に追加指定され、「南26号」となった）

スーパー・リアリズムの模写に驚く

山下 なんてったって東博の展覧会で感動したのは、扉絵の模写でしたよね。

赤瀬川 いやあ、あれはすごかった。読売新聞の連載（『ゼロ発信』）にも書いたけど、ぼくは最初、本物かと思った。でも巻物なので、扉の木を薄ーく削って剝《は》がしたのかな、でもこんなに薄くできるかなーと思って見てました。どうもおかしいなと。

山下 だから、昔の肉屋の……？（笑）

赤瀬川 そう、肉を包んでくれる経木《きょうぎ》。紙より薄い鉋屑《かんなくず》みたいな。

山下 一瞬、えっと思うくらいの質感でしたからね。ところが模写なんです。紙に描いてある。

雲中供養菩薩。左は「北25号」、右は国宝指定の日に欠席していたため、長らく番外にされてしまった現・「南26号」
©平等院

鳳凰堂の４枚の扉には「九品来迎図」が描かれている。現在の扉（右）は昭和40年代に作成された「中品上生図」の復元模写。左は昭和29年頃に現状模写された扉絵。墨の落書きから釘穴までそっくり
（左は奈良国立博物館保管）

赤瀬川　扉の木目が何百年もの間に風化して、引っかいてへこんだ跡やら錆《さ》びた釘やら、墨で乱暴に書いた落書きが剝げているところを、そのまんま写してる。あれが紙に描いた絵とはちょっと思わないんじゃない？

山下　いわゆる現状模写ですね。模写には、写真みたいな〝現状模写〟と、描かれた当初の状態を想像して描く〝復元模写〟があるわけですけど、あれは昭和二十九年から三十一年に描かれて、いまは奈良国立博物館に保管されてます。今日鳳凰堂で見た扉絵は昭和四十年代につくられた復元模写のほう。線がヨロヨロしてて、板に描いたというハンディがあるにしても、下手くそ。あの現状模写のすごさがわかりました。でも東博で、あれに感動していたのはわれわれ二人だけ（笑）。

赤瀬川　模写だって、みんな気づかなかったのかも。

山下　気がつかない人も多いし、逆に美術史のプロの人たちは現状模写という形式があるのを知ってますから、「あ、模写ね」って。でもあそこまですごいのは、ちょっとない。あの現状模写は、京都画壇の菊池契月《きくちけいげつ》と榊原紫峰《さかきばらしほう》の指導のもとで描かれたらしい。図録には実際に模写した当時の若い人の名前も書いてありましたけど、それほどのビッグネームはいないみたい。でもあの人たちは、小さいときから画塾で筆の習練を積むっていう戦前の伝統を引き継いでいるから、最近の模写とは違うレベルの技術を持ってる。

赤瀬川　そういう習練が昭和三十年頃はぎりぎり残ってたんでしょうね。だから復元模写が美術だとしたら、あの現状模写はほとんど警察の仕事だと思った（笑）。警察は〝現場《げんじょう》〟をまず保存するわけでしょ。ぼくも千円札なんかで模写の修業をしているから、むらむらっときたね。おれだってやるぞって（笑）。

山下　おれはこれで捕まったんだぞって（笑）。だから日本画家の職人的な腕はあきらかに落ちてる。だって小さい頃から筆持ってないもん。現代の美術教育でも模写の訓練を復活するべきですね。

赤瀬川　そうですよ。やっぱり描写とか模写って、絵を描く基本ですからね。だけどいまは自由に描かせるのがいいって教育でしょ。理念ではそうだけど、現実には無理なんですよ。

山下　何か自由という名の不自由というか、美術の世界ってそういうことが多いですよね。自由でなければいけないというのがテーゼみたいになってる。それと、こういう仕事って無名性のものじゃないですか。自分の名前とは関係なく、でも、ある情熱を持ってやってる。そういう仕事っていいですよね。

赤瀬川　だからいま言われる芸術とは違うんですよね。無名性って大事ですよね。泡《ほう》沫《まつ》性って言ってもいいかもしれない。

山下 日本の古美術のいいところって、そんな無名性とか泡沫性にあるって気がする。昔の人は定朝がつくった仏だから拝んだわけじゃないんですよね。定朝という個人の傑作だなんて、近代以降、レッテル貼ってるだけで。

「平等」という思想はあったのか？

赤瀬川 鳳凰堂を見て、いかにも建物が軽やかというのを感じて、やっぱり名建築だなと思いましたね。右と左に伸びてる廊下は、要するにピロティでしょ。それに両袖の部分は天井の高さが一メートルくらいしかなくて、いわゆる使う部屋じゃない。

山下 住職が楽器を演奏する人が座ったかもしれないって言ってましたけど、それはありうるなと思いましたね。

赤瀬川 両袖からのステレオサウンドで、鳳凰堂が飛んでいくみたいですね。翼を左右にすっと伸ばして、すっと立ち上がって。

山下 たしかに無理なくすっと立ち上がった感じはしますよね。桂離宮の「純贅沢賞」と似てなくもないんだけど、「趣味」というのとはちょっと違う。

赤瀬川　そうそう、趣味じゃない。

山下　やっぱり贅沢なんだけど、不安からくる贅沢じゃないですか。平等院は末法《まっぽう》初年の永承七年（一〇五二年）に建ってるんですよ。仏の力も及ばないひどい世の中になるという、ノストラダムスの大予言みたいな年。

赤瀬川　桂離宮は貴族が自分の趣味をガンガンやってるという感じ。平等院の場合はちょっと公的な色合いというか、思想を表すみたいな、とにかく見せるというところがありますね。

山下　やっぱりタテマエを前提とした仏教建築なんですよ。ところで、いまの平等院はあきらかにハイテク方向に振れてますよね。おそらく、神居《かみい》住職の力でしょうね。消火用の放水施設は地面の芝生の中に埋め込まれてて、「スイッチを押すと、フタがパカッと開いて、サンダーバードみたいに出てくるんですよ」と言われたでしょ。そこに世代を感じちゃった。住職はぼくより四つほど若いんですけど。

赤瀬川　それをうちの子供が押しちゃって、危うく水が出るところだったって（笑）。見たかったですね。

山下　そういえば平等院自体がサンダーバードっぽいですよね。

赤瀬川　そうそう。平安のサンダーバード。木造サンダーバード基地。

山下　あの建物は鳳凰堂というくらいで、飛び立とうとする感じはたしかにある。サンダーバードって、三十年ほど前にテレビで流行《はや》ったイギリスのSF人形劇なんですけど、ぼくらの世代はみんな見てる。プールの下に格納庫があって、ぱかっと開いてロケットなんかが出てくるんです。

赤瀬川　仏さんが船長で、五十二人の阿弥陀隊員がいるんだ（笑）。

山下　隊員たちは雲に乗って、みんなを助けに行く。なんて、いい加減なこと言って、もうぼくの学者生命も終わりですね（笑）。

赤瀬川　サンダーバードは涅槃《ねはん》に向かって飛び立つわけ？

山下　涅槃というか浄土ですね。でも、藤原道長《みちなが》や頼通《よりみち》は、現世でかなえられることはほとんどやっちゃって、もしかしたら地獄に落ちるかもしれないって、死んだあとの心配だけしてた人たちです。だから生きているうちに浄土をつくって、さらに阿弥陀さんをまつって、もう悪いことしませんから極楽に連れて行ってくださいってお祈りしてたわけ。だからぼくらはどこが「平等」院？って思うけど、頼通は「阿弥陀の救いは平等にあるはずでしょ」っていう自分の言い訳として平等って言ってる気がする。

赤瀬川　下層階級には平等という欲求はあっただろうけど、上層階級にはそういうの

池の手前にある消火栓。スイッチを押すと、フタがパカッと開いてサンダーバードみたいに出てくるらしい

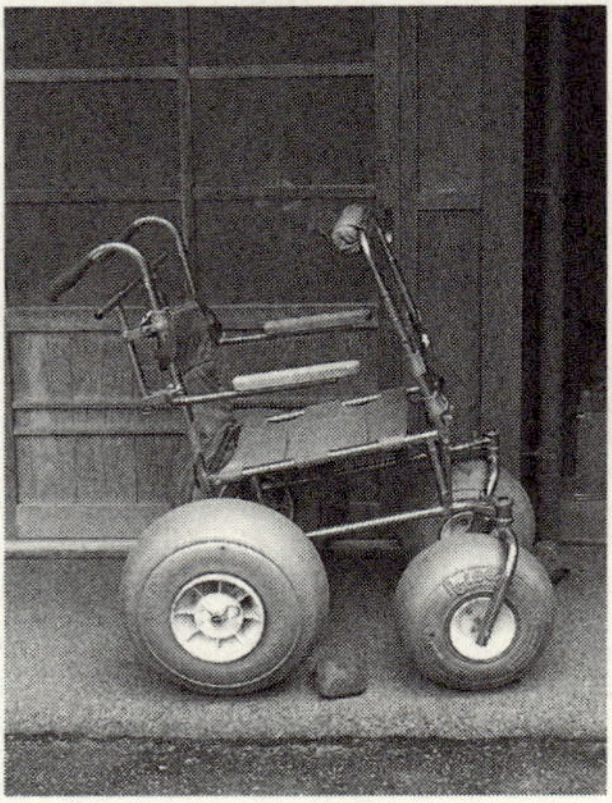

右＝10円玉を表をバッチリ見せて、お約束の記念撮影。こんなオトナは他にはいない
左＝平等院特注の車椅子。砂地でも振動の少ないタイヤ。日本美術応援団は、こういうものをすかさず撮る

はないでしょうね。だから言い訳という部分はありますね。この世は不平等だけど、あの世は平等、だから我慢しましょう、私たちもあの世では改心しますからって。

山下　もちろん史実としては、初代の住職になったお坊さんがもといた寺が平等院で、それをここに移転する形で開創されたそうですけど。ただ神居住職の書かれた『住職がつづるとっておき平等院物語』（四季社刊）にも、名前については、よく外国人に質問されるって書いてましたね。日本には千年も前に平等という思想があったのかって。その答えも聞いてみたかったですね。

凝り性とハイテクで保存する

山下　いまの鳳凰堂は、昭和二十六年から六年かけて大修理して、昭和三十二年に落慶した建物です。でも、たった四、五十年であれだけ色が剝げてしまっているから、多くの人が平安時代以来の古色だと思ってるかもしれない。ということは、一〇五二年に完成した最初の鳳凰堂は、十一世紀の末ぐらいには、けっこう風化してたと思う。だから、中の本尊とか雲中供養菩薩は別にしても、修理に修理を重ねてるから、吹きさらしの建築のオリジナルの姿というのは、じつのところよくわからないんじゃないかなあ。結局、オリジナルを議論するより、いまの姿の奥につまっている歴史を見ていくほうが面白いんですよ。

赤瀬川　だから住職はそれを見越して、将来に技術を伝えていこうとしてるわけですよね。どうせつくり直しつくり直しになるんだからって。

山下　平等院では平成二年から大規模な発掘調査をして、創建当時の庭の様子がずいぶんわかってきた。それでいま、平安時代の姿に戻す工事が進んでいます。芝生や植木のあった前庭は白砂と玉砂利だけの洲浜《すはま》に変わってたし、岸と翼廊《よくろう》をつなぐ橋も再現されました。

赤瀬川　池の鯉も藻を食べてくれる草魚に替えたり、バイオで水をきれいにして鳳凰堂のシルエットがきれいに映るようにしてると言ってましたね。

山下　昔の宝物館があったところには、新しい宝物館の建物ができかかってましたね。

赤瀬川　あの設計をした千葉大学の栗生《くりう》明さんとは、前に仕事でいっしょになりました。

山下　近代的な建物が、境内のどこから見ても見えないようにするとか、建築のコンセプトはしっかりしてる。修理所やレファレンスを備えた、宗教法人としてははじめての本格的な博物館になるということですから（平成十三年三月のオープン）。雲中供養菩薩も、樹脂でつくったレリーフはやっぱりだめだったから、ゆくゆく模刻を進めて、そのうち五十二体全部をかけ換えて、実物は宝物館に保存するって。

赤瀬川　模刻がすんでいるのは、まだ二体だけでしたっけ？

山下　木目まで本物と合わせているというのは驚いた。それじゃあ、時間がかかりますよ。

赤瀬川　住職自身も凝《こ》り性なのかな。それをやりだすとキリがないというのはあるんだけど、考え方は立派ですよね。模刻を続けて技術を保存するという。

山下　今回の展覧会にしても、神居住職は熱意にあふれてる。巡回する会場ごとにコンセプトを変えるって言うし。行動力のある人だと思いますよ。東博の展覧会でもコンピュータ・グラフィックスで創建当初の色彩を再現したり、パソコンを駆使して映像をつくったり。会場構成もきれいだったし、ふだんの東博の展示にくらべると、よほど効果的な演出をしていたと思いますね。お寺のほうが主導してあれだけきちっとやってるところはあまりないと思う。若くして抜擢されたエリートなんでしょうね。

赤瀬川　仏教界の浅田彰みたいな感じね。眼鏡かけてすごく頭が切れて。

山下　浅田彰！　そうそう。

赤瀬川　神居住職の書いた本を見ると写真が好きみたいだけど、カメラは何か聞けばよかったね。

山下　ライカじゃないですね。それともニコンのF80とか……。

赤瀬川　デジカメのD1だったりして。

山下　平等院はちゃんとハイテクを活かしてますからね（笑）。

砂に銀を映したアーティストは誰か？

銀閣

見もしないで、なんだか銀閣は地味だ、
みたいに思っている人が多いんじゃないか。
金メダルの次の銀メダル、と思っちゃイケナイ。
潜入してよくよく見れば、見どころ満載。
足利義政が引きこもった東山山荘には、
意外な歴史が蓄積されていた。

The Excursion
For Adult

銀閣
ぎんかく

足利義政が文明14年（1482年）に隠棲生活を過ごすため営んだ東山山荘が没後に寺院となり、義政の法号にちなんで慈照寺と名づけられた。観音殿である銀閣は祖父の義満造営の金閣に対する通称。義政は若くして権力の頂点についたものの、政治力を発揮できずに隠棲。その後の生活を過ごすべき山荘造営に生涯をかけた。持仏堂として建てられた東求堂は、現存最古の書院造の建物。庭園の砂の造作は、向月台、銀沙灘と呼ばれる。

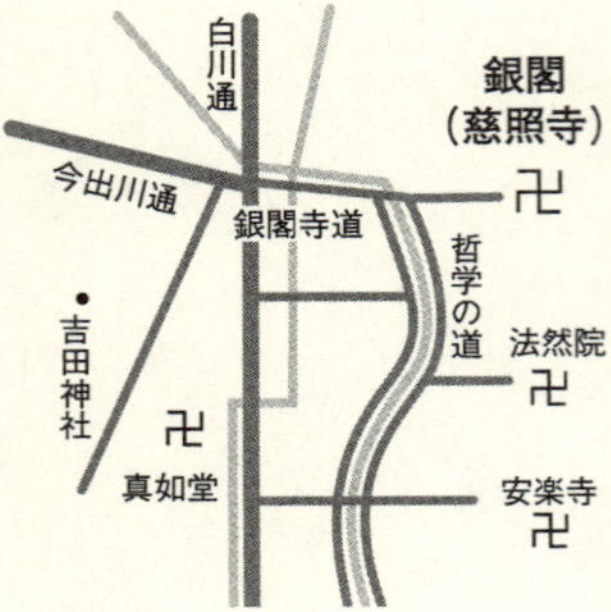

京都市左京区銀閣寺町 2
電話／075・771・5725
拝観／3月1日～11月30日は8時30分～17時
12月1日～2月末日は9時～16時30分
休み／無
料金／大人500円
駐車場／市営駐車場が近くに有（40台）
写真撮影／堂内は不可
外観はスナップ写真程度なら可
交通／市バス 5、17、203系統で銀閣寺道下車、徒歩10分。32、特5系統で銀閣寺前下車、徒歩5分

山下　今日はまた贅沢をしてしまいましたね。坂根執事長のご案内で、ふだんは見られない書院や本堂まで見せていただいて。ぼくは書院に富岡鉄斎《てっさい》の襖絵《ふすまえ》があることに一番驚きました。図版でも見たことなかったですからね。おそらく研究者もほとんど知らないんじゃないかな。

赤瀬川　あの鉄斎の襖絵は良かった。

山下　あれは、ちょうど百年前、一九〇〇年、明治三十三年の「大江捕魚図《たいこうほぎょず》」。平成六年に庫裏《くり》と書院を新築したときに、蔵の中に眠っていたあの絵を襖にして使おうということになったらしいですね。ああやって活用されると、鉄斎も喜ぶでしょうね。われわれは「日本美術応援団」の団員として、三年前からいろんな絵を見てきましたけど、南画《なんが》に接近したのははじめてですね。

赤瀬川　南画っていうのは、丸っこい絵？

山下　基本的には中国趣味プンプンの絵だと思えばいい。南宗画《なんしゅうが》、北宗画《ほくしゅうが》とか解説しはじめるとむずかしいんだけど、中国の明《みん》の頃に南北二宗論みたいな概念ができるんですよ。北宗画というのは、宮廷のお抱《かか》え絵師みたいな職業画家が描いた絵のこと。南宗画ってのはインテリが描く絵で、アマチュアであることをよしとする。まあそれはタテマエなんだけど。日本にも江戸中期からそういう考え方が入ってきて、インテリが中国スタイルを真似した。そういう絵を南画とか文人画《ぶんじんが》とかと言って、大雅《たいが》、蕪《ぶ》村《そん》はその代表格なわけです。

赤瀬川　ぼくは中学の頃に美術で習って、北宗画のほうは直線的というか鋭角で、南画は丸っこいというイメージを持ってました。

山下　なるほど、北宗画には岩がゴツゴツというイメージはあるかもしれない。でも、南宗画、北宗画というもっともらしい分け方も、いざ説明しろと言われると困るもんですね。まあ応援団としては、そんなことはどうでもいいけど。

赤瀬川　ぼくは本堂の大雅の絵はあんまりピンとこなかったんだけど、蕪村の酔っぱらいの絵、「飲中八仙図《いんちゅうはっせんず》」でしたっけ、あれなんかは面白かったですね。

山下　想像をたくましくすれば、鉄斎は蕪村の「飲中八仙図」を見て、禅寺に酔っぱらいの絵があるんだったら、おれも一つ描いてやれみたいに思ったんじゃないかな。

赤瀬川　鉄斎の絵だけ見ると、魚を釣ったり酒を飲んだりしてる絵だから禅寺にはちょっと、って思ったけど、あとからあの蕪村の絵を見ると、納得がいきますね。ぼくはいままで鉄斎に関しては、南画の悪い面だけ感じてた。でも今日の絵は襖が二十面もあったせいもあるけど、空間と拡がりがあってタッチも強いでしょ。うまさがいやみなく出てて、すごく良かった。

門をくぐるといきなりドカンとぶつかる向月台。説明不可能な銀沙灘。よくぞこんなインスタレーションを続けてくれました

山下　そう、いやみに感じるというのは南画全体に言えるんですよね。日本でまだ見ぬ中国をよく知ってて、それを描くというのが前提になるから、ぼくの中では西洋美術直輸入に対する反感みたいなのと、どこかでオーバーラップしてるのかもしれない。「あんたらが中国のことよく知ってるってことは、わかったわかった」って感じ。だから応援団でも南画には近づかなかったんですよ。でも今日見た鉄斎にしても、大雅、蕪村にしても、ぼくにとっては新鮮でしたね。あれが美術館に並んでたら素通りしちゃうんですよ。

赤瀬川　変な話だけど、ぼくなんかも、絵描きが小説を書いてるとか、写真を撮ってるとか、そういうふうに見られてる。だから立場を変えて考えてみると、これしかないと言ってやってる人のすごみというか、硬直がないんですよね。南画見てるとそういう感じするね。崖っぷちみたいのがないんだよね。

山下　ないない、崖っぷちはない。ぼくらは崖っぷちを感じるのが好きだけど南画にはない。蕪村は俳人だから、余技というタテマエを前面に押し出してる。蕪村って、ある意味ではいまの赤瀬川さんに近いような在《あ》り方《かた》をしてますよ（笑）。

赤瀬川　ぼくにも酔っぱらいの絵を描かせてくれないかなあ（笑）。

あの岡本太郎が驚いた！

山下　それにしても、いわゆる前衛と、銀閣に積み重ねられた歴史みたいなものが革命的に結びついたら面白いと思う。この空間だって、ぼくは岡本太郎に導かれて見直したみたいなところがありますから。岡本太郎はあの銀閣の建物そのものじゃなくて、庭の銀沙灘《ぎんしゃだん》と向月台《こうげつだい》を絶賛したんです。本人がほんとに驚いてる。これこそアヴァンギャルドだ！　抽象なんて、もうこの時代にあるじゃないかって。「なんだこれは?!」って言ってるのが目に浮かぶもん（笑）。

赤瀬川　おれに黙ってこんなことやってたんだ！って（笑）。ぼくだって、最初に行ったとき銀沙灘を見てびっくりしました。

山下　岡本太郎はパリへ留学して中国へ出征してから、戦後日本に帰ってきて、これからは本当の生命力を感じながら日本を語っていくんだと意気込んで京都奈良のお寺なんかに行ってみたけど、どこへ行ってもがっかりした。だけど銀閣は違った。それを『日本の伝統』という本に、「どうやら日本庭園史の中の一つの穴、いやもっと広く日本美学の穴のようなものだともいえるでしょう」って書いています。あの庭をこんなふうに語った人はいない。でもこの岡本太郎の文章もずっと埋もれてきたわけです。というか、こういう見方にフタをしてきた。

赤瀬川　ぼく自身も『今日《こんにち》の芸術』は読んだけど、こっちは読んでないですね。

山下　ぼくにとっては二十歳くらいのときからずっと座右の書だったわけです。でもほんとの意味で「あっ！」と思ったのは、数年前ですね。

赤瀬川　銀沙灘を通して見る銀閣って、けっこう貧相なんですよね。下のほうが削れて見えて角度も良くない。山側の苑路《えんろ》を下りてきて真正面から見ると、落ち着いていいんですけど。

山下　あそこがいわゆる教科書角度。みんなそういう銀閣の建物のイメージを写真で知って来るでしょ。ところが門を入るといきなりあの土盛りがある。だから、しばらくあの向月台の前で「何これ？」って立ち止まってしまう。岡本太郎も書いてます。「古寺とか庭とかいう尋常な期待でここに来た者は戸惑わされる。しかもその右側にはさらに一段と高く際立って盛り上がった白砂のするどいすり鉢山が対応して控えています。庭全体を抱いている東山の木々、そのやわらかく沈んだ緑と、やや荒々しいまでの砂の白さとは何かちぐはぐな不協和音を発しています」。

赤瀬川　不協和音。太郎の時代のキーワードですね。

窓の出っぱりが「出文机」。そこの前に座って、書家のマネをしてみる

山下　不協和音を起こすことが芸術だった。赤瀬川さんはそれをやってきた人だから。

赤瀬川　そう、「日本の伝統」から逃げ出すための〝乱暴力〟だった。そういえば、今日われわれは本堂の中に入れてもらって、外のお客さんに悪いから気づかれないようにそっと歩いてたんだけど、誰もぼくらのほうを見ないの。本堂を見てる人がいない。みんな驚いて銀沙灘のほうだけを見てる。

山下　やっぱり造形として、単純に「えっ？」と思いますよね。こぢんまりとまとまった枯山水《かれさんすい》というのと全然違う。

赤瀬川　ガーンって迫力。

山下　「なんだこれは?!」（笑）

赤瀬川　本堂の中から背中を見ながら、ああ、みんな驚いてるんだなと思って、気持ち良かった。あれは不思議な光景でした。

山下　銀沙灘は、江戸中期の『都林泉名勝図会《みやこりんせんめいしょうずえ》』という、当時のガイドブックみたいな本の挿絵には出てるんだけど、これより古い銀閣の絵図にはないんです。

赤瀬川　大雅、蕪村がいた頃には銀沙灘があったわけ？

山下　ほぼ同時代の本だからあったでしょう。銀沙灘は、池の泥をさらって庭に上げて干していたのが、ああなったんじゃないかという説もあるそうですよ。

赤瀬川　あの話にはびっくりした。もとは池の泥？

山下　これって意外と真実に近いんじゃないかな。

赤瀬川　そうだと思う。なかなか意図的にできることではないですから。

山下　ある時点で、誰かがインスタレーションしたい衝動みたいな動機で、ぱっとつくっちゃった。毎日毎日銀閣を見ている人でないとあんなことやるわけないから、きっと寺男《てらおとこ》の究極のインスタレーションだったんじゃないかな。

赤瀬川　数寄《すき》ものの寺男がいてね。銀沙灘の端っこに、波が寄せて返したカーブをつけるなんて、かなりの数寄ものですよ。

山下　そして、寺男のインスタレーションを認める人がいた。あれは〝乱暴力〟ですよ。芸術というか表現ですね。

赤瀬川　芸術ですよ。さらったゴミ的な泥をどうせならって価値を変えちゃうんだもん。どういうヤツが、どういうふうにやったのかちょっと知りたいですね。

山下　知りたい。でも絶対に知りようがない。

赤瀬川　無名の人だから。

山下　だから岡本太郎は感じた。

赤瀬川　無名性というか、泡沫《ほうまつ》性。

山下　実際にあそこに立つと、変な言い方だけど銀閣がかすむんですよ。あの建物が借景《しゃっけい》みたいになっちゃう（笑）。だから今日ぼくは超広角レンズを持ってきたんです。どうしても向月台・銀沙灘と銀閣をワンショットで撮りたかったから。ところが教科書写真はあれを入れないで銀閣だけを撮る。

赤瀬川　ブランド主義というのがあるからね、銀閣は建物だという。

山下　銀沙灘をつくった寺男っていうのは……もう勝手にそう決めちゃってますけど、ブランド意識みたいなものともっとも遠いところで、ある表現意欲でやっちゃったんでしょうね。

赤瀬川　一種の金閣炎上の裏返しなのかな。燃やしちゃいけないから、泥を盛ってひっくり返しちゃった。

山下　ある意味では炎上させてるのかもしれないですね。

赤瀬川　三島由紀夫の亡霊にあらためて『銀閣寺』を書いてもらわないといけない（笑）。金閣にも銀閣にも寺男がついてきますね（笑）。実際に火をつけた寺男と、内側に火をつけたというか、価値をひっくり返しちゃった寺男。

元祖「引きこもり男」、足利義政

山下　東求堂《とうぐどう》の同仁斎《どうじんさい》はいかがでした？

赤瀬川　実は何も知らなかったんですよ。これが四畳半の原型だと聞いて、まずそのことに感動したし、あの、窓のところの、だしふ、ふ、ふ。

山下　（笑）だ・し・ふ・づ・く・え、出文机。ふつう付書院《つけしょいん》って解説されているんだけど、この古い言い方のほうが感じが出るでしょ。

赤瀬川　その出文机のなんとも言えない低さが良かった。あれは建築じゃないと出せない感覚ですね。畳に座ったときに、窓をちょっとさえぎる高さ。妙な贅沢ですよね。あれは感動しましたね。

山下　東求堂は建築史家の間で、あれを茶室と呼んでいいかどうか大論争があったんです。東求堂のインテリアを記録した『御飾記《おかざりき》』という文献には、四畳半の同仁斎の出文机に硯《すずり》とか筆とか本とかを置いて、左側の違い棚に天目《てんもく》茶碗や茶筅《ちゃせん》を並べて、囲《い》炉裏《ろり》に釜を吊っていたと書いてある。義政《よしまさ》があそこでお茶を飲んだことはたしかでしょうけど、同仁斎イコール茶室というのもどうかなあ。まあ、論争のネタにされたみたいなところがあって、そんなことどうでもいいんだけど……。

赤瀬川　二畳の次の正方形というと四畳半ですよね。たしかに畳の敷き方で、半畳を真ん中に置くなんてよく考えたなと思う。ぼくは『方丈記』は読んだことがないけど、二畳の狭さはちょっとハードだから、もう少しゆるくした方丈で、やっぱり趣味人の空間という感じがしましたね。

山下　同仁斎もあるレッテルを貼られて有名になっていって、専門家の間では、あの四畳半は神さま扱いなんですけどね。

赤瀬川　たしかにあの四畳半には力を感じるけれども、隣の六畳のそっけなさ（笑）。あの対比がすごく面白かった。東求堂も銀閣と同じときにできたんですか？

山下　東求堂のほうが三年ほど先に建っています。銀閣は観音殿で、東求堂は義政の持仏堂《じぶつどう》。入ってすぐの板の間に仏壇があったでしょ。その奥に同仁斎と六畳がある。ぼくは、要するに義政が引きこもるための部屋だったと思う（笑）。

赤瀬川　元祖「引きこもり男」（笑）。

山下　今日乗ったタクシーの運転手さんが、銀閣寺というのは応仁の乱で云々《うんぬん》と言って怒ってましたけど、ここは応仁の乱の直後に、義政がお寺の焼け跡に建てたものなんです。そもそも応仁の乱の原因になったのが義政の後継者争い。自分の弟を次の将軍に立てたのに、翌年に日野富子との間に子供ができちゃたんで、富子はどうしても自分の子供を将軍にしたくなった。

赤瀬川　なんかついこの間の話みたいに怒ってましたね（笑）。

山下　富子は日本三大悪女の一人だとか言ってね。それで義政は政治に絶望しちゃって、早々に将軍職を子供に譲《ゆず》って東山に山荘を建てて引きこもった。それがいまの慈《じ》照寺《しょうじ》、銀閣です。でも義政は造園とか水墨画とかがほんとに好きで、莫大な中国絵画のコレクションを残した。東山御物《ひがしやまごもつ》って言うんですけど。

赤瀬川　そういうのを東求堂に並べたりしたのかな。

山下　少しはかけたでしょうけど、別に会所《かいしょ》と呼ばれる建物があって……。いまはありませんけど、そっちへギンギンに飾って、お公家さんとかを呼んできて宴会をすることもあったわけですよ。東求堂はたぶん自分が心を許した人しか入れなかった。だって、同仁斎って「おんなじヤツ」ってネーミング。

赤瀬川　たとえばカメラのことがわかるヤツしか入れない（笑）。

山下　そうそう。だから同仁斎は広くちゃだめなんですよ。数人でいい。

赤瀬川　それがお茶と結びつくと、あとから考えるのはわかりますね。

山下　狭めようという意識に茶室の発想の原点みたいなところはあると思う。そういえば、いままで見てきた庭の池には舟がつきものだったけど、ここの池に舟はなさそうですね。

赤瀬川　池が小さすぎるからじゃない？

山下　昔はもっと大きかったみたいですけど、やっぱり義政は引きこもりだから。おれは四畳半がいいって（笑）。今回も銀閣に上がらせていただきましたけど……。

赤瀬川　やっぱり昔は銀箔が貼ってあったんですかね？

山下　それがほんとにわからないみたいですね。銀箔が貼ってあったという学者もいるらしい。

赤瀬川　遠慮したんですかね、金閣は三層で、銀閣は二層というのは。

山下　それはあるでしょうね。金閣を建てた義満は将軍の代でいうと三代で、義政は八代なんだけれども、義満の孫にあたります。義満は歴代の中でも一番権力が強かった人だから、偉大なお祖父さんの先例をふまえて、でもちょっと遠慮してみたいな気持ちは当然ある。銀閣も金閣も両方の中に入ったから、通じるものがわかりますよね。

赤瀬川　そう。よくわかりますね。

山下　だけど義政は自分の趣味生活をまっとうしたいという意識のすごく強い人だったと思う。かなりアブナイ「引きこもり」男ですからね。あの、銀閣の一層目の白壁の落書き、すごかったでしょ。「日本大學應援團　第24回全日本學生水上選手權大會優勝」。旧漢字！　昭和二十三年の落書きですよ。

赤瀬川　日本大学応援団はやりましたね（笑）。あそこの「大学」っていう二文字を「美術」に書き換えたら……（笑）。

山下　「日本美術應援團！」。できすぎですね。

楽茶碗、

15代目も楽じゃない

樂美術館

利休の美意識と長次郎の手技が
結晶して生まれた造形、樂茶碗。
以来15代400年以上にわたって
連綿と続いてきたのが樂家だ。
これだけ長く続いてるなんて、
ちょっと信じられるだろうか？
変わる→変わるとき→
変われば→変わらない……
理由があるに違いない。
樂美術館で当代のお話をうかがった。

The Excursion
For Adult

樂美術館《らくびじゅつかん》

陶工長次郎が千利休と出会い、その創意を受けて、小座敷で用いるための茶碗を焼いたのが楽焼のはじまり。以来15代、この家系は絶えることなく続いている。本館は貴重な資料の保存と一般への公開を目指した14代覚入によって、昭和53年(1978年) に樂家に隣接して開館。常設展だけでなく、企画展も開催する。茶室で歴代の茶碗を実際に手にとって、お茶をいただける催しもある。

京都市上京区
油小路中立売上ル
電話／075・414・0304
開館／10時〜16時30分（入館は16時まで）
休館／月曜日（祝祭日は開館、翌日休み)、夏季（8月中旬)、年末年始
料金／展観によって料金設定
駐車場／有（4台）
写真撮影／不可
交通／市バス9、12、50、67系統で堀川中立売下車、徒歩5分

山下　今回は、京都の樂《らく》美術館で展覧会を見て、樂吉左衞門さんに話をうかがって、それから神戸の香雪《こうせつ》美術館まで足を延ばして「樂歴代と十五代吉左衞門」展を見ましたから、いつもと違って神戸で中華を食べながらの対談になりました。でも、これも故《ゆえ》なきことではないですね。なぜならば……。

赤瀬川　利休が中華料理が好きだったとか？

山下　まあ、そうかもしれないけど、樂家のルーツが中国人だった可能性が高い。

赤瀬川　ああそうか。神戸から上陸した（笑）。

山下　ということにしときましょう。長次郎の親の飴屋《あめや》なる人物は、福建省あたりの人ではないかと言われてるみたいですね。東京国立博物館に、長次郎作と言われて鴻《こう》の池《いけ》家に伝来した三彩《さんさい》の鉢があって、中国の南方で焼かれていた三彩にそっくりなんです。長次郎作って言われなければ誰もそうとは思わないような、下手くそな三彩ですけど。

赤瀬川　それはたしかなの？

山下　ぼくも詳しくは知りませんけど、長次郎を継いだ常慶《じょうけい》や、そのお父さんの田中宗慶《そうけい》も三彩の皿とかつくってるんで、樂家に中国渡りの技術があったことはたしかみたいですよ。それと、光悦《こうえつ》と本阿弥《ほんあみ》家の事蹟を記した『本阿弥行状記《ぎょうじょうき》』に「飴屋長次郎が親は中華の人なり」と書いてある。

赤瀬川　今日中華を食べているのは非常に正しい（笑）。

山下　ということで乾杯（笑）。要するに長次郎が何者かは誰もわからないわけです。実は、朝鮮半島の人とする説もあるんですよ。江戸時代の資料で。

赤瀬川　じゃあ、このあといちおう焼肉も食べとかないと（笑）。

山下　樂美術館では、やっぱり長次郎の獅子が面白かったですね。

赤瀬川　あの獅子は、明治のはじめに二条城の北側から発掘されたって言ってましたね。

山下　奇跡的に出土して、しかも「天正二年春、命に依って長次郎これを造る」という銘がある。サイン一個あるかないかで、長次郎のイメージは全然違ってきちゃう。当代の樂さんがこれにすごく入れ込んでいることは、にわか勉強してわかってたんだけど、そんなに大したもんじゃないだろうと思っていたんです。

赤瀬川　やっぱり現物の力ってすごいよね。

山下　これは縄文だと思いましたね。樂さんは、あの獅子はエスキースじゃないかって言ってましたけど、たしかに完成作じゃないかもしれない。手の動きにまかせてつくりっぱなしっていう感じがありますよね。

初代　長次郎
彩釉獅子像 1574年（樂美術館蔵）
明治初期に奇跡的に出土した獅子像腹部に「天正二春　依命　長次郎造之」と刻まれている。義理でつくってないから面白い

鴻池家に伝来、
長次郎作と言われる
「三彩瓜文平鉢」
（東京国立博物館蔵）
Image : TNM Image Archives
Source : http://Tnm Archives.jp/

赤瀬川　義理とか義務感は全然ないよね。

山下　まったくない。縄文土器も義理でつくってないから面白いわけで。樂さんは、あの獅子は沖縄のシーサーと関係があるんじゃないかと言ってたけれど、たしかにそういうにおいはしますね。

赤瀬川　シーサーもやきものだし。

山下　南方の楽天性みたいなのを感じる。

赤瀬川　異国というか、渡来のね。それと「この人できる」って感じがする。利休が、こいつに茶碗を焼かせたら、って思った気持ちはすごくわかりますね。長次郎はたぶん何をつくらせても面白い人だと思うけど、利休に言われるまでは、茶碗はつくってなかったわけ？

山下　つくってないと思いますよ。利休が長次郎に茶碗を焼かせたのは、たとえてみれば、勅使河原宏《てしがわらひろし》監督が赤瀬川さんを見込んで「利休」の脚本を頼むようなもんですよ（笑）。

赤瀬川　何も知らないほうが御《ぎょ》しやすい（笑）。あの獅子を見た利休と長次郎の間には、言葉にしなくても阿吽《あうん》の呼吸が合ったんだと思う。

山下　言葉では説明できない感覚をたぶん共有していたんだろう、というのは感じますね。後世につくられたイメージでそう思うのかもしれないけれど、あの獅子が一個あることによってそういうストーリーをつくってみたくはなりますよね。

赤瀬川　樂さんは、あの獅子をつくった人がああいう茶碗をつくったところが面白いって言ってたけど、やっぱり利休に誘導されたんじゃないかな。どんどんはまっていく、というのはあるよね。

山下　利休はそのへんはすごかったと思うな。

赤瀬川　大変なグルですからね（笑）。

山下　ある意味で秀吉までマインドコントロールしちゃってますからね。赤瀬川さんは「利休」のシナリオを書いたとき、あの獅子のことは意識してなかったですか。

赤瀬川　そんな話を聞いたような気もするけど、意識はなかったですね。

山下　見てたら映画のモティーフに使いたくなりますよね。

赤瀬川　なりますね。樂さんは長次郎は利休より若かったんじゃないかと言われましたね。ぼくのイメージでは、もうちょっと年寄りだったんだけど、たしかに考えてみれば利休よりは若いでしょうね。

山下　長次郎が楽茶碗を焼いたのは天正十年代ですから、利休は六十代ですね。

赤瀬川　とすると、長次郎はいまのぼくより若いのか。長次郎については資料がないから茶碗を見るしかなくてね。見ると言っても写真ですけど、見ると感じるものがある。脚本を書くために調べていて、ぼくが一番ショックだったのは、利休がすごく図体がでかくてゴツイ人だったということ。肖像画ではそうでもないんだけど、大徳寺の金毛閣《きんもうかく》にある木像はそうなんですよ。そこでちょっとイメージが変わりましたね。いまの時代だと、お茶というのは女性がしなやかな手でやるものと思っちゃってるでしょ。実は男のもので、無骨な手のでかい人がお茶をやってたというのは驚いた。

山下　お茶が女性の習い事になったのは近代以降ですからね。

赤瀬川　そういえば、樂家から聚楽第《じゅらくだい》の端にあった利休の家まで歩いて三分だったたって言ってましたね。

山下　スープの冷めない距離じゃないけど、茶碗が温かい距離みたいな（笑）。利休はきっと長次郎の工房へ来て、ああせいこうせいと言ってるはずですよ。

赤瀬川　あの近くまで聚楽第が来てたということは、秀吉の城があって、北のはずれに利休たちの屋敷があって、その囲いの外のかなり接近したところに長次郎たちの家があったということですよね。それは秀吉がそういうふうにしたんでしょうかね。

山下　秀吉の意図はあったでしょうね。聚楽第は総合文化施設みたいなところだったんじゃないかな。その聚楽第のあったところのすぐそばで、ずっと育った樂さんが、芸大で彫刻を専攻したというのも、生まれたときからこの獅子を見てたからじゃないかという気がするんです。

赤瀬川　影響というか、環境はありますね。われわれがいた茶室の床の間の横にずっと置いてあったそうですから。

山下　今日はそこにバリ島の神像がありましたけどね。そして向かい側には長谷川等《とう》伯《はく》の襖《ふすま》。

赤瀬川　等伯って、あの？

山下　高台寺の円徳院で見たアレ。大徳寺三玄院が襖絵を売りに出したときに、十一代の慶入《けいにゅう》が四枚買ったそうです。でもいまは京都国立博物館に預けっぱなしで、展示できる状態じゃないみたいですね。ぼくは大昔のモノクロの図版で見てますけど、国宝の「松林図《しょうりんず》」の原形みたいないい図柄です。修理にずいぶんお金がかかるみたいで、なかなか公開できないそうですけど、一度見たいですよね。

茶碗は自分を映す鏡

赤瀬川　樂さんが、一九九八年前にヨーロッパで楽茶碗の展覧会をやったときの反応を話してくださったけど、想像すると面白いですよね。

山下　面白いですよ。イタリア、フランス、オランダの三ヶ国を半年間巡回したんですけど、まず誰もが不思議だなと思ったでしょうね。実際、何の知識もなく茶碗だけを見たとしたら、日本人だってピンとこないですよね。

赤瀬川　歪《ゆが》みを愛するみたいな精神構造って、ヨーロッパにはないですよね。四角い「ムキ栗」なんて、どうして丸くつくらないのかって思うでしょうね。ヨーロッパ人の合理主義の感覚では、おそらくイライラするんじゃないかな。

山下　樂さんの話で面白かったのは、フランス人は一生懸命わかろうとするけど……。

赤瀬川　そう、思索的というか、哲学っぽい考えから理解しようとする。イタリア人は全然そんなことない。「わかんないよ。あんたの茶碗はステキだけど」って。

山下　樂さんがそういうイタリア人を嫌いじゃないところが面白いですね。他ならぬ彼自身が小さいときからそういうふうに思ってて、それでいろいろ葛藤《かっとう》があったんだと思う。外国人の反応というのは、要するにこの茶碗が鏡みたいなもんだからじゃないかな。

赤瀬川　そうそう。こっちが寄ってかないと見えないんだよね。鏡自体は何もしないからね。それがすごく面白いんですよね。

初代　長次郎
黒楽茶碗　「禿」
桃山時代
(不審庵蔵)
「ハゲ」ではなく
「カムロ」

15代　吉左衞門
黒楽茶碗　「林巒夕麗」
1986年
(樂美術館蔵)

山下　鏡って、いい鏡だと自分がすごくよく見える。そういう意味で、多分、長次郎の茶碗が一番いい鏡なんだと思う。

赤瀬川　それは、全部じゃないけど、日本の美術品の特徴ですね。見る側が寄っていかないと作品からは出てこない。出てくるものもあるけれどね。俳句なんかでも、詠《よ》み方を知らないとわからない。それでどうしたのって。でも詠んだ人の立場に少しずつ寄っていくとわかってくる。そう、鏡の精度の良さっていうのがあるんですよね。鏡として機能しない、ただのガラスっていう場合もあるわけだからね。

山下　今日見た中だったら……樂美術館では長次郎の白鷺《しらさぎ》、禿《かむろ》、面影、ムキ栗。香雪美術館では、太夫黒《たゆうぐろ》、古狐《ふるぎつね》、勾当《こうとう》、獅子なんかを見たわけですけど、ぼくは禿が一番いい鏡みたいに思ったな。

赤瀬川　あっ、あのハゲって書くヤツですね（笑）。

山下　（笑）禿っていうのは、オカッパ頭のこと。花魁《おいらん》なんかのそばにいる女の子のことです。

赤瀬川　秀吉は黒い楽茶碗が嫌いだったっていうけど、それは秀吉は人に見せるために茶をやっているんだから、鏡で自分を見る必要はなかった。

山下　そうですよ。この「鏡」理論は使えるかもしれませんね（笑）。長次郎以後の入っていうのは、その精度のいい鏡に近づくとか、倣《なら》うとか、沿ってつくるとかするしかないわけです。樂さんが長次郎の茶碗について、たとえば「禅あるいは老荘《ろうそう》思想の流れを汲みつつ、理念的な造形へと唯一踏み込んだものといえる。茶碗という工芸的な世界に理念的な世界を持ち込んだ造形は、長次郎茶碗をおいてほかにはない」と書いたり、さまざまに語ったりするのは、長次郎に自分を投影しているからでしょうね。そういう意味では樂家十五代というのを真剣に悩んで格闘しているんだと思う。

赤瀬川　樂さんが自分は「写し」をつくるのに抵抗がある、みたいな話をしてましたよね。たんに物理的に鏡をつくることへの抵抗というかね。鏡だけど物理じゃない。

山下　利休と長次郎がやったことというのは、たぶん利休の発意だろうけど、鏡を見せるという〝行為〟なわけです。物理的な鏡をつくるんじゃなくて。利休が、鏡がここにあればこちら側が見えるじゃないかと発想して行動しようとしたときに、それを一番実現できるのが長次郎だと見抜いた。

赤瀬川　その二人の関係ってすごく面白いですよね。利休は頭の中に鏡という意識はかなりあったと思うんだけど、長次郎の場合は頭というより、物の中にじかにあったというか。

山下　合理主義じゃなくて、物をつくる面白さを知ってる人間なんでしょうね。それは獅子を見ればわかりますよね。

赤瀬川　頭の論理だったら、問題があってその答えがあって、また新しい問題が生まれて答えが出てって、はっきりしてるんだけど、物をつくって面白い、というのはきりがないわけですよね。面白いのはなぜなんだろうっていう答えは、長次郎には考えなくてもあったと思う。利休はそれを理知的に考えた人ですしね。

山下　そういう合理主義とは全然違うところで成立してる利休と秀吉と長次郎との火花が散っているような関係があったと思うんだけど、それが型として受け継がれてて、十五代続いてる。

赤瀬川　ある意味で苦闘の歴史ですよね。長次郎のあとに続いてやらなくちゃいけないというのは。

山下　だから十五代樂吉左衞門は、いままでだと考えられないようなことをやってる。ぼくはヨーロッパからの凱旋記念にサントリー美術館で開かれた展覧会（『樂茶碗の四〇〇年　伝統と創造』一九九八年）ではじめて十五代の作品を見たとき、すごいなと思って、展覧会評を書いたんです。だけど自分で没にした。昨日予習してたら、図録にはさまった原稿が出てきましてね。活字にしなかったのは、やっぱりこういうことを書くと差し障りがあるかなと思って。あの展覧会は構成自体が面白くて、長次郎から十四代までの流れをひっくるめて見せて、出品作の半分は十五代の作品だった。彼の茶碗には、何かイタリアン・デザインのいいところに通じるような大胆さがあって、ぼくはかなり好きなんです。樂さんはイタリアの影響はないって言ってたけど、やっぱり若いときにぽーんとイタリアに留学したことは大きいと思うな。

赤瀬川　口の悪い人に、楽茶碗は初代だけだ、あなたのは織部《おりべ》だと言われたというのはわかるね。

山下　わかりますね。本人は織部は好きじゃないって言ってましたけどね。

赤瀬川　利休のあとに何か新しいことをやろうとすると、織部にならざるを得ないというのがあるんですよね。それまでの代々は、織部には行っちゃいけないという桎梏《しっこく》があった。彼はむしろそれもなくて……。織部というのは利休がいたからああいうことをやったんでね。

山下　光悦は好きだって。それもわかりますね。

赤瀬川　でも光悦の「不二山《ふじさん》」は大したことないって。

山下　っていうか、楽茶碗でこれだけが国宝になってるのはおかしいってことでしょ。

赤瀬川　長次郎は国宝になってないの？

山下　なってません。光悦は、やきものより、絵画や書とかかわってるでしょ。指定品というのは圧倒的に絵画が多いから、日本の美術全般から言えば、長次郎より光悦の名前のほうが断然大きいわけですよ。

赤瀬川 光悦というのもちょっと不思議な人だなと思うんですよね。大変な近代感覚ですよね。

山下 いまでいうアート・ディレクターというかプロデューサー的存在で、あらゆることができた。やきものは晩年ですね。光悦も利休直後の人で、織部じゃないけど、楽茶碗をベースにしてできる面白いことを、相当やっちゃってる。こんなヤツが何百年も前にいるんだから、楽じゃないですよね(笑)。

「伝えない」というすばらしい家訓

赤瀬川 山下さんは、樂家は狩野《かのう》派を超えてるって言ってましたね。

山下 狩野派は家としては明治維新で潰れたから、狩野正信《まさのぶ》から数えて約四百年で終わったわけです。樂家はそれにくらべれば零細企業なんだけど、維新や第二次大戦をくぐり抜けて四百年以上続いているわけです。千家《せんけ》十職《じっしょく》というのは個々では零細企業だけど、みんな一本線で続いていていて、それを千家が統括している。千家本体はある種のゼネコン的なところもあるわけです。でも、そういう在《あ》り方《かた》って面白いですね。

赤瀬川　しかもあまり暖簾《のれん》分けしてないでしょ。たいていは系脈がだんだん増えていくんだけど、同じ太さの直線でつながっているのが不思議でね。で、聞いたら弟子はいないって。作業はどうするのかなと思ったら、窯《かま》を焚《た》くときはふいご吹きの手伝いが来る。

山下　あの話は面白かった。大工さんとか、代々樂家にお出入りの人たちが手伝いに来て、みんな火傷《やけど》しながらふいごを吹いてる。基本的にはボランティアなんでしょうね。

赤瀬川　そこがすごくいいなと思ってね。

山下　たしかに「利休」の映画の窯を焚くシーンで、長次郎役の人のまわりに、ふいご吹きが何人かいましたけど、それが、いつも窯焚きに来ている樂家の実際のお手伝いの人たちだったとは知らなかった。

赤瀬川　やっぱり京都ですよね。火事場の炊き出しみたい。

山下　樂さんは「ぼくはふいごは吹きませんから」って言ってましたね。

赤瀬川　長島がファーストを守ったことがないみたいなもんだね（笑）。だけどちゃんとわかっていて、ファーストがエラーしたら文句を言うことはできる。

山下　ぼくが驚いたのは、土は曾祖父《ひいおじい》さんが採ってきたものを、孫の代が使うけれど、釉薬《ゆうやく》の配合に関しては、次の代には伝えないという代々の家訓があるんだってこと。

赤瀬川　盗め！

山下　というか、自分で考えろ。それはすばらしいなと思う。

赤瀬川　ぼくなんかでも、ある店に人に連れられて行くと、次に一人で行けと言われても絶対わからない。自分で苦労して探して行くと覚えるからね。それと同じですね。でもそれを家訓にしているというのはすごいな。

山下　京都の戦後のやきものって、走泥社《そうでいしゃ》とか八木《やぎ》一夫《かずお》みたいに、「オブジェ焼き」「前衛陶芸」が脚光を浴びてきた歴史がありますから、樂さんの中にもそういう意識はあると思いますよ。だけどオブジェをつくるわけにはいかない。

赤瀬川　それとオブジェになったらお終《しま》いみたいなとこ、あるよね。お茶碗って禁欲的なとこがあるじゃないですか。出られるんだけど出ないようにして、ぎりぎりのところでやる。

山下　寸止《すんど》め（笑）。

赤瀬川　寸止め。その戦いはずっとあるんだと思う。たしかに役に立たない創作陶器もあるんだけど、あんまり面白くないの。いちおうそれらしくできるけど、実は深い世界というのがあって、陶器なんかまさにそう。宗教もそうですよね。ずっと同じことやっててもつまんないし、かといって……って、ずっとそう言いながら四百年続いているというのも、日本独特なのかな。

山下　〝日本〟ですよね。だってルネサンスの頃からいままで続いているんですもん。外国人は驚きますよ。芸大で講演したら、オーストラリアの女子学生に「それじゃあ進歩がないです」と言われて、すみませんって謝った、って話も面白かったけど、薄っぺらな個性尊重みたいなのを超えたものがあるんだと思う。近代以降、借り物の個性尊重みたいなことが言われて、表現行為の核心に気づかなくなっちゃった。

赤瀬川　樂さんもそんなようなことを言ってましたね。個性って本当はどこにあるかわからないんですよね。

山下　制約といっても、何を制約と考えるかは人によって違う。そもそも人間であるってこと自体が制約なんだから。

赤瀬川　ほんとそう思う。なんで、手足四本の人間に生まれてきたのかってことですよね。だけどこれで生きていくしかしょうがないし。

山下　ただ、樂さんは作家性みたいのにこだわりたい、という思いはすごく強いですよね。

赤瀬川　そりゃあ人間だからね。

山下　ヘラにこだわってる。やっぱり彫刻科だからかな。でもお父さんの十四代も東京美術学校、いまの芸大の彫刻科卒なんですよ。ただいま浪人中の息子もきっと、芸大の彫刻科をめざしてるんでしょうね。

赤瀬川　樂さんがその息子に「もうやめてもいいんだよ」って言いたいけど言えないという話は、良かったですね。

山下　十六代はどうなるんでしょうねえ……。

歴史がない家に生まれてつくづく良かった……

利休がしかけたワナつき二畳

待庵

茶の湯のシンボル、待庵。
ＪＲ山崎駅から徒歩30秒！の妙喜庵にある
利休ゆかりの茶室。
この二畳には「芸術」や「思想」が
ギッシリつまっている。
オトナの修学旅行生が、
それをあらためて体感する。

The Excursion
For Adult

待庵《たいあん》

　連歌師・山崎宗鑑が、このあたりに草庵を結んだのを、春嶽士芳禅師が寺にあらため妙喜庵とした。東福寺派の禅刹だが、茶室「待庵」のあることで、江戸時代から著名だった。待庵は利休唯一の茶室の遺構とされ、二畳という極小の空間は、茶の湯の象徴的な存在であり続けた。見学は事前申し込みが必要。ＪＲ山崎駅下車すぐ。

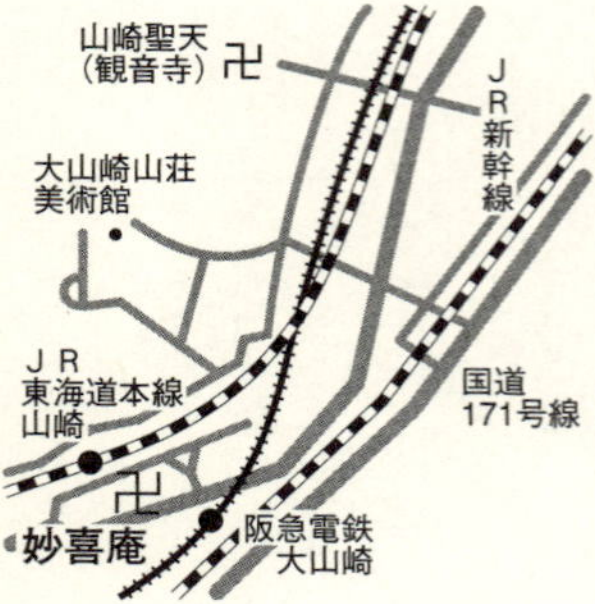

京都府乙訓郡
大山崎町龍光56
電話／075・956・0103
拝観／往復はがきに希望日（第３希望まで)、人数（10人まで)、代表者の氏名・住所・電話番号を明記の上、1ヶ月前までに申し込む。拝観日・時間は指定される
料金／1000円以上志納
駐車場／無
写真撮影／庵内不可
交通／ＪＲ東海道本線山崎駅下車すぐ。阪急大山崎駅下車、徒歩５分

山下　待庵《たいあん》はある意味では修学旅行の名所の対極にありますよね。
赤瀬川　コドモではじまってオトナで終わると。
山下　待庵は子供が絶対行かないところだし、行っても子供は三分もたない。
赤瀬川　もたないねぇ。すぐケイタイ出して暇《ひま》つぶしをはじめるんじゃない（笑）。
山下　われわれは三時間ぐらいいましたけど、全然飽きなかった。この前行った桂離宮はたしか年齢制限二十歳以上でしたよね。
赤瀬川　じゃあ待庵は四十歳以上。
山下　そうですね。ぎりぎりセーフ（笑）。ぼくだって三十五のときに来てたら、ピンとこなかったかもしれないし、四十歳以上のフツーの人だって、ホンネとしては九十九パーセントの人が、「なんや、これ」っていう感じでしょうから。
赤瀬川　待庵の場合はそうでしょうね。
山下　桂離宮はそんなことないと思うけど。
赤瀬川　桂は多くの人が単純にきれいだと思うだろうし、外国の人でもわかる。
山下　それこそブルーノ・タウトが感動したでしょう。
赤瀬川　ブルーノ・タウトは待庵には行かなかったの？
山下　調べたことないんですけど……。

赤瀬川　ちょっと興味ありますね。

山下　だいたい外国人はあんまり待庵に行ってないんじゃないかな。

赤瀬川　お茶の世界を知らないと、むずかしいかもしれないね。ぼくが最初に待庵に行ったのは、これから「利休」のシナリオを書くっていうときで、まあそれなりの心構えはあったけれど、お茶の心得なんて全然知らないわけですよ。でも、ぼくは好きでしたね。山下さんはどうでした、今日はじめて待庵に入った感想は？

山下　今日はぼくのほうが聞かれるのか（笑）。写真図版なんかでイメージはしっかりこびりついていたけれど、あまりのアプローチのなさに肩透《す》かしを食ったみたいな感じがありましたね。

赤瀬川　駅からも近かったし。というか、駅前旅館か丸井みたいな距離だから。

山下　悪い意味じゃなくて、ピンポーンと押したらいきなり……。

赤瀬川　本人が出てきた（笑）。

山下　ピンポーンと押してガラッと開けたら、目の前が茶の間で利休がいた（笑）。「何、玄関とか廊下とかないの？」みたいな。ぼく自身の中に構えがあったから、裏からスコンと放り込まれた感じで、向こうの構えのなさが気持ちいいような悪いような……。ただ中にいたら、だんだん気持ち良くなってきました。

赤瀬川　気持ち良くなってくるよね。いいなぁと思ったのは、ていねいに使い込まれた精密なカメラを内側から見ているっていうか。なんかやたらに直線なんだけれども、使い込むと角が丸くなってくる、あの感じがすごくありますよね。

山下　室床《むろどこ》って言うのかな、あの穴蔵みたいな床が、「内側」の感じを発してるんでしょうね。斜めの天井は一眼レフの中身、ペンタプリズムね。窓がファインダーで。

赤瀬川　フィルム面が床の間の壁で、炉が巻き上げ、にじり口がなんだろう。やっぱりフィルムのとり出し口でしょうね。

山下　裏ぶた。

赤瀬川　床柱《とこばしら》のあの細さがいいですよね。ふつう、床柱ってもっといばるものなんでしょ、どうだって感じで。床框《とこがまち》（床の間の前端部に設けられていて、床の間を一段、部屋畳より上げて結界《けっかい》する横木）よりも細くて、あの細さはニコンS型のレバーの細さに通じている……なんて言っても、カメラ好きじゃないと何もわからないだろうけど。

山下　床柱が北山杉で、床框は桐だって言ってましたね。

赤瀬川　桐ですか。ごつごつした節《ふし》のある桐って珍しいですね。

山下　塗りが剝《は》げてるような感じもあるし、カメラ好きにはたまらん感覚というのがありますよね。あと、待庵はもろにモンドリアンしてましたね。直線が微妙にずれてる。

赤瀬川　正面を避けるというのがあるでしょ、日本の美学で。それとちょっと関係してるのかもしれない。行き合ったときにずらすという感覚があるような気がする。

山下　二次元平面としてもずらしているし、三次元としてもずらしている。

赤瀬川　立体モンドリアン。こういうわずかなずれなんて、いまの建築から言ったら、面倒くさいからやめちゃえということになりますよ。コストパフォーマンスの考えからいかに離れるかというのが、あるような気がするんです。納得するまでやるというか。

山下　ある意味で見せつけてますよね。見せつけないということを見せつけてる。

赤瀬川　そうね。下地窓《したじまど》（茶室の窓の一種。土壁を塗り残し、下地の葭《よし》を露出させる）もただ塗り残しただけと言いながらも、実際にはつくっているんだから。それはもう侘《わ》びの手法って、みんなそうですけどね。基本的には侘びというのは質素で、お金もかからないにしても、時間や技がいる。だから貧乏人に侘びは近すぎてできないというか。

山下　侘びの概念そのものがないでしょ。

入り口を閉めた途端、暗くなる室内。障子を通して入る光の効果、絶大

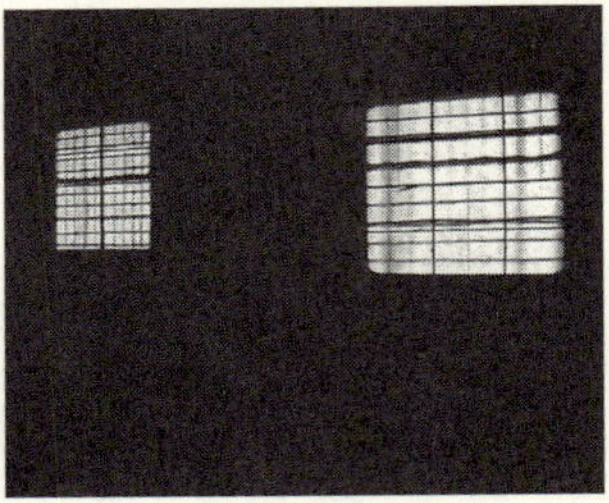

利休と秀吉ごっこをする２人
けっこうなりきってる

と侘びだって。

赤瀬川　本人から離れてはじめて侘びになる。変なものですよね。井戸茶碗と同じで、井戸茶碗をつくっている人にはそんなものわからないけれど、離れたところから見ると侘びだって。

ライティングにしびれる

山下　最初入ったときはにじり口と、その上の窓と勝手側の襖《ふすま》が開いてたんだけど、あれを閉めたときは感動しましたね。

赤瀬川　あれ、すごかったな。今日は天気が悪かったから、閉めた途端に暗くなったんだけど、床の横の窓から光が際立ってきて。ほんの紙一枚だけど、閉めると全然違いましたね。二畳だからよけいそれを感じるんだな。

山下　狭くなるんだけれども、広くなるというか。

赤瀬川　反射で距離が延びるみたいな。

山下　そんな感じ。それこそペンタプリズムの中で反射してるみたいな感じでね。むしろピチッと閉じることによって封ができて、空気が膨張するみたいな。

赤瀬川　そう弾力みたいなね。あの感じは写真じゃわからないですね。すごく感動しました。

山下　それから二人で、秀吉と利休ごっこしたんですよね。赤瀬川さんが利休になって、炉のある畳に座って、ぼくは床の前に利休のほうを向いて座って。

赤瀬川　で、入れ替わっちゃったりしてね。それでわかったのは、客側は逆光になる。亭主側には光がノーマルに当たっていて、順光で見える。あのとき思ったのは、刑事部屋なんかでは逆光で顔が見えないようにして「お前がやったんだろう」って威圧するわけですよ。なのに秀吉を逆光にしているというのは、逆に利休はよほど自信があったんだなと。むしろ自分を見せるというか。

山下　点前《てまえ》している姿を見せる。人間の眼って不思議で、カメラの露出の決定みたいに一様《いちよう》じゃないから。

赤瀬川　やっぱり心理があるからね。

山下　利休は自分の姿はまっとうなライティングをして……。

赤瀬川　客は消してしまう、お前はただの影だって。

山下　そうそう。

赤瀬川　待庵には、いわゆるアーチ型の入口はなかったですね。アーチ型というのは最初はすごい不思議だった。でも、ないとわかると逆にあれっと思っちゃった。ふっうの襖の戸があって、その裏に控えの間があって、そこに利休が控えていたと聞いて、なるほどと思うけれど。

山下　あの戸を開けて、利休がばっと現れると、窓からスポットライトが当たる。

赤瀬川　あれはあそこに座ってみないとわかんないよね。障子を閉めたときの新鮮さというのも、本では伝わらない。写真も撮れないし、映画で撮ってもちょっと違う。食べ物と同じで食べないとわからない。

山下　写真とか映像が普及して、一見イメージが拡まったようでいて、実はそうじゃないんですよね。

赤瀬川　ぼくら幸せでしたよ。それに、いつも一般のお客さんがいる場所で特別に見せてもらうから、みなさんに申し訳ないなと思ったものだけど、今回は、われわれだけで他に人がいないというんで気が楽だった。

山下　いちおう拝観謝絶ですからね。

赤瀬川　突然来ても、拝観できないんだ。

山下　葉書で申し込んでおけば、外から見せてもらえるようですよ。突然行った人には、近くの大山崎町歴史資料館に待庵の原寸大の模型があるから、それを見に行くようにって、表に書いてありました。あとでわれわれも見に行ってみたけど、あのレプリカでも外から見ていなきゃいけないというのは、不思議でしたよね。

「芸術」を裏返す

山下　待庵という名前はそもそもいつからついていたんでしょうね。それを聞くのを忘れましたね。利休がつけたっぽいけどね。

赤瀬川　それがわからないとね。良さはいろいろ言われてわかるにしても、何か一つ腑《ふ》に落ちない。

山下　これって腑に落ちない極致だと思うのね。

赤瀬川　たしかに、長次郎の茶碗にしても、お茶に全然興味のない人が見たら、腑に落ちないだろうな。

山下　ぼくらは腑に落ちないことを面白がるというか。

赤瀬川　腑に落ちないサマを喜ぶというかね。

山下　裏返しの裏返し。赤瀬川さんの『宇宙の缶詰』みたいな。ちょっと説明しておきますと、前衛青年、赤瀬川原平が一九六三年の「大パノラマ展」に出品した作品で、蟹缶のラベルをはがして内側に貼ってある。フタを閉じると外の宇宙は全部内側になる。

赤瀬川 よく人間は一本の筒だって言うでしょう。食べ物も水も口から入って体の中を通って肛門から出ていく。だから一本の筒として筒抜けになっている。そう考えると胃や腸の中は体内だけど、一種の外。

山下 中だけど外、外だけど中。その人間の筒みたいなのが全部、表と裏が逆転して、ベロン、ズルン、グルリンとむかれる装置みたいな感じがするのね、待庵って。芸術の表現っていうのは、人間の内側と外側の関係をズルズルッとひんむいて見せるようなもんでしょ。そういう意味で待庵は芸術なんだ。

赤瀬川 ぼくがまだ「前衛」をやってた頃、美術評論家の中原佑介さんが「レコード盤宇宙論」というのを書いていた。この中に世界地図を内側に貼ってしまった地球儀というのが出てきてね。つまり外から見るとただの白い球。そんなふうにして地球が無限空間の宇宙を包んでいるというもの。これ一言で説明するのがむずかしいんだけど、それをレコード盤になぞらえていてね。レコード盤というのは、中心に行くほど回転が遅くなって、中心点はまわっていない。だから無限に到達できないスペースが内側にありうるという。

山下 球体の場合は、果てがない。そうすると三次元、四次元の話になるけれど、待庵って四次元の入口みたいな感じがしますよね。大げさな言い方だけれど。

赤瀬川　そういう感覚というか、感じはあったろうね。お茶をやるということがそういうことでしょう。無限の先までは行けないけど、とにかく入口に行こうとすることはできる。

山下　ゴムで膜を張ったみたいなこんな球面があって、針で突いていくとどんどん凹んでいって、すっと穴が開いたら終わりなんだけど、ドーナツ状の、それまでの球面とは違う次元ができるじゃないですか。そんなことを考えてしまいますね。

赤瀬川　数学でいうトポロジーみたいなね。位相数学、位相表現というか、利休のもくろんだお茶も似てますよね。理屈では言えないけれど。

山下　こういうのはアナロジーで話していかないと。

赤瀬川　論理では間に合わない。

山下　ただ、いままでの本を読んでいると、アナロジーではなくて、いきなり精神性とか禅とか日本人の心とかになっちゃう。桂離宮は外国人もすごく絶賛したし、すごい評価されたのはわかるけれど、極論すると待庵の本当の評価ってあるんだろうかって思いますね。どの本もまつり上げてほめたたえて、これぞ日本人の心である精神であるってね。それじゃあ歴史が前提にしている日本人の心、精神性って何なのかなと。

赤瀬川　いきなり仕上げにいく。新建材と同じで、表面の仕上げだけでつくっちゃう。

山下　そう、実態のない抽象概念になっちゃっているところがありますよね。日本美術史全体に言えることなんだけど。

赤瀬川　どの世界でもそうですよね。現代美術も政治の世界もそうだし。

山下　待庵の場合も、説明できないことを表現としてやっているわけだから。

赤瀬川　だから利休は、秀吉にも別に説明はしてないですよね。ただ対決しているだけで。突きつけるというか、まさに表現だよね。

山下　利休っていう男がいかにすごいかということは、秀吉ももちろん知っていた。秀吉にとって、ある意味利休は権威の象徴だった。それを知りながら、段階を踏んで自分の配下におさめたら、利休はとんでもないことをするんだから。

赤瀬川　秀吉の金の茶室と待庵と、どっちが先なのかなぁ。

山下　待庵でもらった「妙喜庵略記《みょうきあん》」を見ると、妙喜庵というのは室町時代の連歌師《れんが》の山崎宗鑑《そうかん》が建てた庵《いおり》で、晩年にこれを東福寺の春嶽士芳《しゅんがくしほう》に譲ってから禅寺になった。そのあと天正十年（一五八二年）に秀吉が山崎に明智光秀討伐の陣を敷いたときに、利休を呼んでつくらせたのがこの茶室で、妙喜庵に移されたのは慶長年間、と書いてありますね。まあ、よくわからないんだけど。金の茶室は、秀吉が御所で天皇にお茶を点《た》てるためにつくったから、たしか天正十四年（一五八六年）かな。

赤瀬川　そっちが待庵でくるなら、おれは金でいくぞって（笑）。秀吉だって待庵とか長次郎の茶碗とかの良さはわかったんだと思うけど、ただ、好きではなかった。あるでしょう、なかなかやるなとは思うけれど、おれの好みではないという作品が。

山下　やりやがったな、みたいな思いは絶対あるよね。

赤瀬川　相手に見る目があるから、利休もやったんだよね。

山下　何にも感じないヤツを相手にするほど利休は馬鹿じゃない。金の茶室は四畳半でしたっけ。

赤瀬川　三畳でしょう。

山下　さすがに知ってますね、今回は。

赤瀬川　今回は知ってますね、ぼく（笑）。

山下　職業「知らないこと」じゃないですよ、これは（笑）。

赤瀬川　いや本当に三畳だったかな、忘れたよ（笑）。でもある程度知っていてわかるということはありますね。まあ何でもそうだけど。

山下　やっぱり前提があって成り立つものだと思いますよ。利休って、その前提みたいなものをずっと示し続けたようなところがある。

赤瀬川　前提のプロ（笑）。

山下　前提を知りつくして前衛になる。在《あ》るから壊す。

赤瀬川　長次郎の茶碗にしても、一見そこらの茶碗と同じようなんだけど、一周して何か違うってところがありますよね。

山下　離れていって、もう一回戻ってきてあらためて見ると違う。

赤瀬川　侘び茶なんて、どんどん質素にしていくんだから、縄文時代の掘っ建て小屋からはじまった文化が、また掘っ建て小屋に戻るんだけれど、同じではないんだよね。周回遅れだけれど、違うというか。陸上の五千メートルなんて、そういうのあるじゃない。

山下　そうか、周回遅れね。わざと周回遅れになって、トップのヤツに、実はおれのほうがすごいんだって見せつけるみたいな。

ジェーン台風の雨漏りだったとは……

山下　茶道史専門の人なら待庵の中に入ったりしてると思うけれども、ぼくみたいな絵画史の専門で入った人は少ないと思う。

床の間の壁の真ん中あたりが白くなっているのは、ジェーン台風による雨漏りのせいだった。不思議な味わい

江月宗玩という禅僧による「去来　江天萬里一葉舟」の軸をかけさせてもらう

書院の廊下で何を撮ってるの？「これは明治維新の時に受けた刀傷だって」

赤瀬川　だいたいずうずうしく「お茶飲ませて」なんて言えないですよ。その世界の人にとっては大変なことなんだから。

山下　お茶、おいしかったですね。

赤瀬川　お茶をいただいた茶碗が、樂家の五代目。

山下　宗入《そうにゅう》は、長次郎に近づこうとした人です。銘がエクボで「恵久保」と書いてあった。

赤瀬川　ふつうのお茶とは違いましたね。たしかにお茶というのは不思議だと思うね。味覚をああいう表現にしてしまうというか。

山下　待庵でお茶を飲んじゃうというのは、美術史の世界で言えば、東京国立博物館でナマの「松林図《しょうりんず》」屛風の前で煙草を吸っちゃうみたいなもんなんでしょうね（笑）。今日、いっしょに来てもらった中路《なかじ》さんが持ってきてくれた軸も良かったですね。待庵の空間が生きてた。あの「去来《きょらい》」って字を書いた江月宗玩《こうげつそうがん》というのは、堺の豪商津《つ》田《だ》宗及《そうきゅう》の子供で禅僧になった人。金持ちの坊ちゃんが坊主になっちゃった。号が欠伸《けんしん》子《し》、あくび野郎。

赤瀬川　いつ頃の人なの？

山下　利休より五十年くらいあと。天正二年（一五七四年）生まれで、利休が死んだのが天正十九年（一五九一年）です。江月宗玩は、その時代に見た古い墨蹟《ぼくせき》を記録して、墨蹟の写しという膨大な資料を残していて、『江月宗玩墨蹟之写の研究』という分厚い研究書も出ています。

赤瀬川　江月としては、これまで見たことない感じの字を書いたのかなぁ。

山下　いや見てるものだと思いますよ。大字を書いて短い詩を添えるみたいなのは、古い墨蹟を意識しているわけです。

赤瀬川　あるんだ、ああいう直線的な字が。

山下　筆の先を切ったような固い筆で書いたんでしょうね。掛軸といえば、ぼくは図版で軸がかかってない待庵の床を見てて、真ん中が白くなってるのがずっと謎だったんです。

赤瀬川　かけ替えるときに見えた、あのベロみたいに上から垂れてるところね。

山下　ぼくが今日一番聞きたかったのは、これがなぜかってこと。そしたらジェーン台風のあとの雨漏りのせいだって。

赤瀬川　これはなかなかいい雨漏りだよね。

山下　ジェーン台風というのがまたいいですよね。カタカナで「ジェーン」って書いた軸をかけたいね（笑）。

赤瀬川　戦後しばらくアメリカに倣《なら》って台風に女性の愛称をつけていた頃だから、昭和二十四、五年かな。
山下　いまみたいな番号は面白くないですよね。名前のほうがいい。
赤瀬川　長次郎台風とか？（笑）。
山下　タウト台風とか（笑）。それにしても、あれはいい雨漏りですよ。利休の意図とはまったく違うところにあるんだけれど。
赤瀬川　いやわかんないよ。利休が後世、あの世からもう一回何かやってやろうと思ってやったのかもしれない。
山下　そう言えば……？（笑）
赤瀬川　そうだ（笑）。それでぼくのカメラ、急にシャッター下りなくなっちゃったんだ。
山下　待庵に入る前は写真撮ってましたもんね。
赤瀬川　そう。中に持って入った途端、ダメになっちゃった。中で写真撮っていいって、お許しをいただいてたからすごい楽しみにしてたの。だからしばらくショックでね。
山下　やっぱり待庵には利休のワナがあったんですね。

㊮修学旅行生、嵐山の秘部に迷い込む

嵐山

いわゆるひとつの観光地、嵐山。
貴族が風雅に川遊びをしたここに、
バブルの頃は、修学旅行生目当ての
タレントショップが乱立していた。
亀岡行のトロッコ列車にゆられたり、
ブラブラと散歩していて出会ったのが、
世にも珍しい魚雷観音。
観音さまと魚雷という過激な組み合わせに
胸躍る２人って……。

The Excursion
For Adult

嵐山《あらしやま》

洛西、大堰川の渡月橋両岸一帯を指す地名。その名称は、川の右岸にある嵐山に由来する。嵐山は歌枕として古くから多くの歌に詠まれていた。嵯峨天皇の離宮として造営された大覚寺の東には観月の名所である大沢池、また源氏物語の六条御息所が隠棲したという野宮神社、足利尊氏が後醍醐天皇供養のため夢窓国師に創建させた天龍寺などがある。

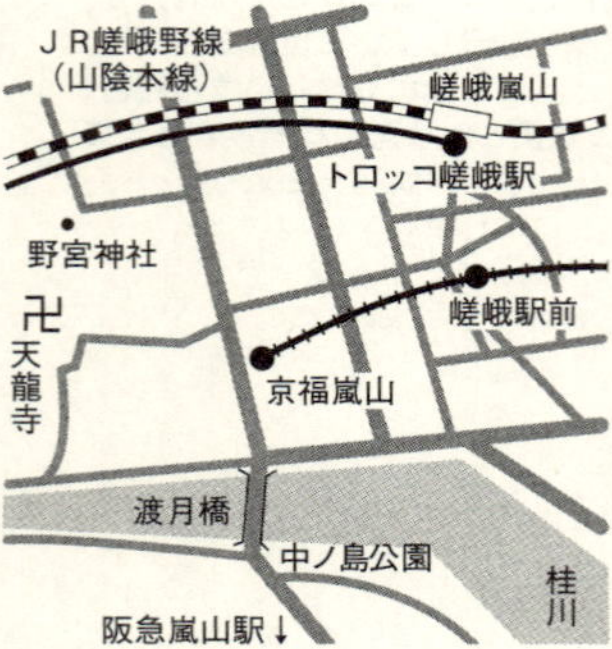

交通／市バス11、28系統で嵐山天龍寺、嵐山公園下車。京福電鉄、嵐山駅下車。阪急嵐山線、嵐山駅下車。ＪＲ山陰本線、嵯峨嵐山下車

山下　今日は修学旅行生のメッカ、嵐山に行ってみようということで、京都駅からJRで嵯峨嵐山駅へ行って、トロッコ列車に乗ったわけですね。

赤瀬川　けっこう混んでたよね。電車の中でマイク持ってしゃべってたバスガイドみたいなおじさんが、おかしかったですよね。あれはいつ頃から走ってるの？

山下　JRになる前の国鉄山陰本線の廃線を利用して平成三年につくったそうです。JRになったときに、山の中をぶちぬいて線路を敷いた。今日帰りにJRの亀岡の手前の馬堀駅から嵯峨嵐山駅まで乗ったでしょ。トンネルばっかりだったけど、トロッコ列車で二、三十分のところを十分で着いた。

赤瀬川　線路の幅は同じなの？　山のトロッコはちょっと軌道が狭いでしょ。

山下　同じだと思いますよ。トロッコと言ってるだけで、嵯峨野観光鉄道という第三セクターみたいな会社が観光用につくった車両なんでしょう。

赤瀬川　列車の中で写真屋さんがまわってきて、全員、写されるのには驚いたな。あとで台紙に貼ったのを見せられて千円ですとかって。やっぱり、一回だしと思って買っちゃうのね。

山下　商売うまいよね。撮りにきたときからそれはわかってたけど、またあれが若い女の子だってのがミソですよね。

赤瀬川　すごい、考えたなあと思って。あれやっぱり買わざるをえないもん。

山下　トロッコ列車で亀岡まで行って、亀岡から嵐山まで保津川下りをして帰るというのが完全にセットになってるんですね。だって、われわれはトロッコ列車に乗るだけが目的で行ったから、トロッコ亀岡駅で降りたらまわりになんにもなくてびっくりした。田んぼの中にぽつんと駅があって、最寄りのＪＲの駅まで歩くしかなかった。でも、あれはあれで、田んぼがぽかっと広がってて、いいところでしたよ。

赤瀬川　そう、ああいう気分って、ここのところ味わってなかったから良かったですよね。まさか京都で味わうとは思わなかったけど。

トロッコ列車の終着駅で出迎えてくれたたぬき軍団。ありがとう

山下　あそこはもう京都じゃなくて丹波。黒豆ばっかり売ってました。嵐山嵯峨野っていうのは、ああいうふうにしっかりコース設定されてる。だからみんな安心して行くんでしょうね。

赤瀬川　ぼくも今日、トロッコ列車に乗ったり歩いたりして、嵐山はこういう散歩コースなんだってわかった。たとえば「吉兆《きっちょう》」などの料亭が目的の人たちはベンツで来て、あの橋のあたりだけで帰るんだろうけど。

山下　京都の人が町なかからベンツで来るか、東京の人がのぞみのグリーン車で来て、京都駅でお迎えのベンツに乗って吉兆へ行く。われわれは電車で行って、吉兆の門の前で写真を撮るだけ（笑）。

赤瀬川　トロッコベンツ号（笑）。

山下　吉兆の先にあった「嵐亭《らんてい》」でしたっけ、あれもなかなか悲しいものがありましたね。

赤瀬川　われわれでさえも「お昼いかがですか」って誘われたもんね。

山下　「チラシだけでもどうぞ」とか言われて（笑）。

赤瀬川　貧民を相手にしないでほしい。嵐亭なんだから（笑）。

山下　ぼくらが昼に入った嵯峨嵐山駅の近くのうどん屋さん、おいしかったですよ。

赤瀬川　あれはおいしかったし、おっとりとした奥さまでね。
山下　あの夫婦、ちょっとうらやましい感じがした。
赤瀬川　そう、木の手づくりふうの机と椅子があってね。
山下　あの店はきっと観光客はあまり行かないですね。今日、隣で食べてたのも、トレーナーを着た地元の人でしたよ。あそこに渡月橋《とげつきょう》の写真が飾ってあったでしょ。すごく小さな木の橋の。明治四十四年頃に撮った一番古い渡月橋の写真だって、おやじさん言ってましたよね。明治のはじめ頃から写真はあるから、そうでもないとは思うけど。渡月橋って言えば、ぼくが待庵《たいあん》の予習のために古本屋でたまたま買った『茶の建築』っていう本に嵐山で撮った修学旅行か遠足の集合写真がはさまっていたんですよ。きっとその本の前の持ち主の記念写真だと思うんだけど、裏に「鈴木」という名前がエンピツで書いてあった。服装や背景のバスの感じからして、昭和四十年代ぐらいだと思いますが。それで今日はその写真を持ってきて、現場の河原を特定してみたけど、あんまり変わってなかったですね。鈴木さんはいまどうしてるんだろう。
赤瀬川　わかんないの？
山下　もちろんわかんないんですよ。たまたまはさまっていたんだもん。この本読んで、連絡してくれないかな。

古本屋で買い求めた『茶の建築』という本にはさまっていた古い記念写真。
裏に「鈴木」とエンピツ書きがある。お心当たりの方、ご連絡ください

人間魚雷の装置のそばに、観音さまがたたずんでいる不思議な空間

嵐山の「秘部」で魚雷観音に遭遇

山下　ところで、あの魚雷観音《ぎょらいかんのん》はすごかったですね。
赤瀬川　あんなもん、はじめて見ましたよ。
山下　ぼくもはじめてですよ。三十三観音の一つに魚籠《びく》を持ってる魚籃《ぎょらん》観音というのがあるので、それに引っかけてるんでしょうけど、日本中探しても、他に類例はないですよ、きっと。
赤瀬川　どうやらあれは、あの豆腐屋さんがつくった最近の作でしょ？　おそらく、ちょっと財力ができて、石庭をつくるに際して人間魚雷を備えた。
山下　親兄弟が人間魚雷の特攻隊で死んだか、つくった人が人間魚雷の生き残りかなんでしょうね。
赤瀬川　そうね。自分が生き残った可能性はあるよね。生き残って、怖いものなしで生きてるうちに豆腐が当たって……（笑）。
山下　でも、毎晩夢枕に戦友が出てきて、豆腐に人間魚雷が突っ込む夢を見ているかもしれない（笑）。「奉納豆腐さがの」って石碑が立ってましたもん。

赤瀬川　豆腐ってのがいいですよね。
山下　石庭は山河を表してるわけだから、魚雷でいいわけだ。
赤瀬川　そうそう、砂の模様は波ですからね。
山下　あの魚雷はレプリカですかね？
赤瀬川　ぼくはレプリカだと思うけどね。本物は残ってないだろうし。
山下　でもレプリカといっても、つくるのは大変ですよね。完全にオーダー・メイドの一点ものに決まってるわけだし。
赤瀬川　人間魚雷って、実際に発進したのかな？
山下　ほとんど計画段階で終わっちゃったんじゃないですか。ぼくの中学一年のときの担任の先生がまさしく人間魚雷の訓練をしてて、そうしている間に終戦になって、戦後カトリックの神父さんになって、うちの学校に来た人。ぼくらが学校を卒業した後、一人でネパールに行って、寒村で医療のボランティアをしています。
赤瀬川　まるでビルマの竪琴《たてごと》じゃない！
山下　そう、ネパールの山を重い医療機器を背負って歩いて、すごいえらい人だと思う。自分は一回死んだと思ってるからできるんでしょうね。
赤瀬川　いまはその先生どうしてるの？

山下　いまもきっとネパールにいますよ。大木章次郎先生、お元気ですか？　ぼくがいいなと思ったのは「海行《ゆ》かば」の歌のレリーフとか、人間魚雷の断面図とかはあるけど、くだくだしく説明してないんですよね。あれをつくった人は他人に何か思われたいとかじゃなくて……。

赤瀬川　そう、戦中体験を語りたくないということの別の形なんだよなあ。

山下　でも供養したいという純粋な気持ちが表れてる。純粋じゃなきゃできませんよ。やっぱりあれは表現なんですよ。

赤瀬川　それでまた、モノが良かったでしょ。いやみとか、ダサイということがなかった。

山下　ダサイというのは、よく思われたいというのが見えたときにダサイと感じるわけですよね。

赤瀬川　そうそうそう。ミエミエのわざとらしい自己主張がやたらあったりとかね。

山下　そのよく思われたいという気持ちがないから表現になってる。「路上」的物件というのとも違うんですよね。

赤瀬川　単なる「路上」とは違う。「巷《ちまた》の精神」というか……。

山下　どうしてつくったのか聞いてみたい気もするし、聞かないほうがいい気もするし……。

赤瀬川　聞くとガッカリしそうな気もするんですよね。

山下　聞いてほしいという感じがないからね。

赤瀬川　ただあれだけちゃんと石庭にしているというのが、ちょっと不思議。だから時代は違うけど、山下さんが好きな現代美術の、えーっとなんだっけ、戦争画描いてる若い人……。

山下　会田誠《あいだまこと》。

赤瀬川　そうそう。その会田誠を思い出した。作為というか手技的な感覚は似てるような気がする。

山下　うーん、表現としての結果は一脈通じるかもしれない。でも違う。

赤瀬川　できあがってるでしょ、絵として。ふつうはもっと戦後民主主義みたいな思想性が出てくるもんだけど、衒《てら》いがないというのか……。

山下　会田にあれを見せたらどんな反応するか、面白いですね。あそこは嵐亭の前を右に曲がって、木の幹が突き出た塀の写真を撮りながら歩いてて、朝鮮の石像に導かれて迷い込んだんですよね。そしたら魚雷観音があって、その前にも怪しげな嵐山美術館。

赤瀬川　あの辺、連関してるのかな。
山下　嵐山と魚雷の組み合わせが、面白かったですよね。

天龍寺でうたたね

赤瀬川　そのあと行ったのが天龍寺でしたよね。庭の前の廊下で柱にもたれて寝ちゃった。ほんとは畳にごろんとしたかったんだけど、いけないって書いてあったから。真面目だからね、ぼく。でも畳に上がって座ってるのはいいんでしょ。あんなお寺ってアリですか？
山下　あそこは昔からそうですね。わざわざ寝転んじゃいけないと書いてあるってことは、あそこで寝転ぶヤツがたくさんいるってことでしょうね。庭園の参観者と本堂参観者の入口が別になってて、庭園のほうへ行った人は庭をぶらぶら歩いて帰る。でも百円追加して本堂に上がると、今日みたいに庭を見ながらボケーッとできるんです。
赤瀬川　おおらかだけど何もないというか。あれはすごい。
山下　何もないからおおらか、というかね。
赤瀬川　庭はきれいでしたけどね。

天龍寺外観。スケールの大きさが気持ちいいのか、なぜか眠気におそわれる。うたたねしてるのは誰だ？

体育会系人力車軍団

山下　あの庭は、足利尊氏の時代に天龍寺を建てた夢窓国師《むそうこくし》がつくった庭と言われてるんです。よくわかんないけど。寺のお堂は幕末の蛤御門《はまぐりごもん》の変で焼けて、明治三十二年に再建されてるから、室町時代の姿を留めているのは庭ぐらい。日本で最初に特別史跡名勝に指定された庭だそうです。

赤瀬川　吹き抜けで気持ち良かったですよ。昔、大きい家にはああいうのがあったけど、そういうのがお寺で味わえるっていうのはいいですね。

山下　やたらサイズがでかいですしね。修学旅行生も気楽に走りまわってた。

赤瀬川　あれは嵐山に遊びに来て、お寺に紛れ込んだって感じでしたね。

山下　先生もしぶしぶ来た感じで、「ピースッ！」を撮るカメラマンをやらされてましたよ。

赤瀬川　お宝がないから解説のしようもないし（笑）。

山下　重要文化財の夢窓国師像とか、釈迦《しゃか》如来像《にょらいぞう》とかの指定品もあるんだけど、そういうのは博物館に預けちゃってる。あと天龍寺青磁《せいじ》っていうきれいなやきものもありますね。

赤瀬川　天龍寺青磁？

山下　夢窓国師は、天龍寺を建てるときに、足利尊氏に、中国と貿易をして、その利益を建築費の足しにしたらって提案したんです。その貿易船が天龍寺船で、そのときに元《げん》から持ってきたやきものの花瓶とか香炉とかを天龍寺青磁って呼んでる。

赤瀬川　坊さんもなかなか考えてますね。

山下　坊さんっていうより、政治家みたいなもんですよ。

メジャー観光地・嵐山、愛される理由

山下　嵐山は人力車だらけでしたね。

赤瀬川　声をかけられたカップルが、途中で降りたら半額にしてくれるかって聞いたら、人力車のアンちゃんが「いやあ、お金じゃなくて気持ちで乗ってもらえば」って言ったのがおかしかった。

山下　あれは体育会系のノリですよね。完全歩合制なんだろうな。

赤瀬川　どういう仕組みなんだろう。船主じゃないけど車主がいて、貸し出してるんですかね。脚力を鍛えるにはいいですよ。

山下　腕力も使うし、全身トレーニング。それでお金がもらえるんだから、体育会系のバイトにはいいですね。

赤瀬川　走りながらガイドをするから、しゃべりのほうも鍛えられる。将来スポーツ選手になってオリンピックに出たときに、「いまのお気持ちは？」って聞かれても、ちゃんとマスコミに対応できるしね（笑）。

山下　今日は残念ながら美空ひばり館には行けなかったけど、日本の観光地のエッセンスみたいのはそろってますね。川があって山があって寺があって、梅宮辰夫の漬物屋があって。

赤瀬川　それで歩くのにちょうどいいサイズ。

山下　赤瀬川さんが前に行ったのは路上観察学会ですか。

赤瀬川　路上じゃなくて、「利休」の映画の取材も兼ねて、大覚寺に行った帰りかなんかに立ち寄ったんじゃないかな。あそこの河原で利休の木像の処刑の場面をロケしたような気がする。その後もちょこちょこと来てるんだけど、最初はなんでみんな嵐山嵐山っていうのかわからなかった。でも今日みたいに渡月橋からちょっと離れて散歩すると、たしかに静かでいいところですよね。

山下　街からはけっこう離れているから、お金持ちの別宅が多かったんですよ。大河《おおこ》内伝次郎《うちでんじろう》邸なんか、大河内山荘って観光名所になってるし、いまは美術館になってるけど竹内栖鳳《たけうちせいほう》の別邸もあった。

赤瀬川　東京も多摩川畔の二子玉川とか成城のあたりに、昔は別邸があったらしいですね。川があることは大きいね、気持ちの良さというのかな。山もあるし……嵐山三十六峰でしたっけ。

山下　(笑) それをいうなら東山三十六峰。

赤瀬川　あっ、東山ですか。ちょっと知ってるところを見せようと思ったらこれだ(笑)。

山下　大堰《おおい》川がここから桂川という名前に変わって、それを少し下っていけば桂離宮。さらに下ると、待庵のある大山崎で川が三本合流して淀川になる。やっぱり嵐山は川がメインになっているんじゃないかな。

赤瀬川　川下りの発着所でもあるし。だけど、亀岡から嵐山に下ってきた舟はどうやって戻すわけ？

山下　ぼくもそれが不思議で聞いてみたんですよ。そしたら、いまはトラックに積んで運んでるけど、昔は上流までロープで引っぱって歩いたんだって。大変ですよね。

赤瀬川　それは大変ですよ。

山下　ぼくは野宮《ののみや》神社の変わりようには驚いた。十代の頃に行ったときはひなびた感じだったけど、「攻めの観光」をしてましたね。嵐山全体が「思い出づくりキャンペーン中」って感じ。

赤瀬川　十代ってことは高校生？

山下　高校生一年か二年生のときに、広島から友だちと二人ではじめて京都へ来たんです。途中で別行動をして、嵐山へは一人で行ったような気がする。

赤瀬川　一人で嵐山を歩く男子高校生。まずいないでしょうね（笑）。

山下　さびしいですね（笑）。いまから思えばあいつはホモだったかもしれない。それを察知して別行動したのかも（笑）。今日だって男二人でしょ。まさか赤瀬川さんと二人並んで人力車に乗るわけにもいかないし、やっぱりわれわれはあんまり嵐山向きじゃなかったかもしれない。

赤瀬川　裏道の魚雷観音向き（笑）。

山下　そう、嵐山の定番より秘部が面白かったですね。まあ、どこでもそうだけど。

総括
京都美術観光論

山下　今回のオトナの修学旅行、ずいぶんいろんなところに行きましたね。金閣、二条城、東寺、高台寺、清水寺、京都御所、桂離宮、平等院、銀閣、樂《らく》美術館、待庵《たいあん》、嵐山……。赤瀬川さんは、路上観察学会とか映画「利休」のシナリオ・ハンティングとかで、京都中を歩いてるんですよね。はじめてだったところは少ないんじゃないですか？

赤瀬川　平等院の中……かな。あと、あの等伯の襖絵があった、えーっと……。

山下　高台寺の円徳院。他はほとんど行ってるんじゃないですか。

赤瀬川　そう考えるといちおうは行ってますね。

山下　ぼくは桂離宮と待庵はまったくのはじめてでした。御所も中までは入ったことないし。

赤瀬川　大徳寺の山門の金毛閣《きんもうかく》も昇ったことがある。

山下　ぼくは卒論が長谷川等伯《とうはく》なのに、昇ったことないですよ。くやしいなあ（笑）。

赤瀬川　あのときは映画監督で草月流家元の勅使河原宏《てしがわらひろし》さんと行ったから草月流の特権で、今回は淡交社の特権。けっこう特権の恩恵に浴してますね（笑）。

山下　御所と桂離宮は特権が効かなかったけど、それはある意味、下々《しもじも》に対しては平等というお上《かみ》の意向がはっきりしていて、納得できましたよ。

赤瀬川　でも桂は行ってみて、あれを無制限に開放したら大変だってつくづく思った。

山下　そう、桂は無理です。ハードルを高くしておかないともたないもん。

赤瀬川　この間、建築のえらい先生に会って「桂、良かったですよ。雨が降ってて」って言ったら、雨の日は行ったことないって。これから雨の桂自慢をすることにしました。「あなた、雨見た?」なんて言って(笑)。

山下　「雨の桂を見てないようじゃだめですよ」って(笑)。広重の雨の版画みたいに雨が線として意識できる。そこまで考えてつくってるんだなって思った。

赤瀬川　あれは最高でした。考えてみたら雨の桂を見る機会って少ないですよね。

山下　参観の日を指定されますから。逆に嵐でも行かなきゃいけない。

赤瀬川　ぼくが特権のありがたみを一番感じたのは、二条城でしたね。

山下　なんせぼくの講義を聴いてた学生が就職してましたからね。行くまで知らなかったんだけど。

赤瀬川　その学芸員の人に案内してもらって、お客さんが帰ったあとで、懐中電灯を持って忍び込ませてもらった。廊下から襖絵を見てでもよく見えないんですよね。うぐいす張りの音が聞こえるばっかりで。懐中電灯で照らしながら間近で見られて、あれは良かった。それまで二条城ってなんのための建物かわからなかったんです。外様《とざま》大名の間とか譜代《ふだい》の間とかあって、その目的によって絵も違うって話を山下さんに聞きながら見てまわったら、なるほどって、すごくわかった。

山下　知識があったほうが……っていうのも、オトナの修学旅行のキーワードですね。知識なんてほんとは関係ないという前提をしっかり腹にすえて、知識を蓄えたら絶対面白い。

赤瀬川　そうそう、そうなんですよ。

山下　ぼくは逆に知識のほうで生きてきて、「もう、いいや！」ってなっちゃったでしょ。

赤瀬川　ぼくはもともと無知だから……。

山下　（笑）無知じゃなくて、「見ること」を最優先にしてきたでしょ、赤瀬川さんの場合。「見ること」を通じて、考えたり、苦しんだり、楽しんだり。「利休」のときは、素《す》で見て楽しんだ。今回は知識を持って見ることの面白さを感じられたんじゃないですか。

赤瀬川　ほんとその両方あるんですよ。路上観察学会で名建築を見に行ったときでも、建築史専門の藤森さんに説明してもらうとよくわかる。たとえば、この前は白井晟一《しらいせいいち》の建築で、自然素材を使っていてなかなかいいなとぼくは思ったんだけど、藤森さんは、自然素材を誇らしく見せすぎる、それがちょっとクサイって。なるほど、そう言われたらそうだなと。素で見ることが第一だけど、知識によってちょっとした落差が見えてくるというのかな。

山下　そのズレを確認するのが面白いんですよね。それでやっとほんとの実感になっていくんじゃないかな。

赤瀬川　だから今回は非常に贅沢《ぜいたく》な鑑賞をさせていただきました。

山下　われわれを案内してくださったお寺の方々も個性的で良かったですよね。

赤瀬川　みなさん好意的でうれしかったですね。

山下　ちょっとふりかえってみると、金閣寺が江上執事長。若い頃、金閣炎上を自分の目で見たという人。すごいですよね。

赤瀬川　ぼくたち最初から遅刻してしまって、いきなり怒られたから、緊張して恐縮して、もう引きとらなければいけないかなと思ったら、早く帰れというふうでもなくて。

山下　そうそう。そのうちだんだんくだけてきて、「まあ、私も冗談がわからんわけではないから」とか言って、すごくていねいに案内してくださった。なんせ……。

赤瀬川　「攻めの観光」！（笑）

山下　二条城がぼくの講義を聴いてた大川さんで、東寺が八木さん。

赤瀬川　あの仏像を背負って逃げる練習してる人ですね。

山下　高台寺は「ロック般若心経《はんにゃしんぎょう》」のCDをつくったという寺前さん。

赤瀬川　携帯和尚（笑）。お寺でワインをしこたまごちそうになっちゃいましたね。

山下　京都御所と桂離宮は宮内庁の案内人。

赤瀬川　桂の牛乳ビンの底みたいなメガネの案内人は、「死守」してましたね。

山下　平等院は浅田彰じゃなくて神居《かみい》住職。そういえば、ぼくらが行ったときに工事中だったもとの宝物館は、「鳳翔《ほうしよう》館」という名前で平成十三年三月に開館したようですよ。前年の秋には橋も完成して。

赤瀬川　神居さん、よろこんでるでしょうね。

山下　銀閣寺の坂根執事長もくだけた方でしたね。金閣が載ったこの記事を読んでくださってて、「江上さんの靴、撮ってたね」って。

赤瀬川　国宝の東求堂《とうぐどう》の戸袋も外してもらったんだもん。

山下　みんな最初はちょっと怖いんだけど、話してみると面白い。だから意外と大丈夫なんですよ。だってみんな面白がる素質は持ってるのに、立場があるから隠してるだけで。国立博物館なんかもこうなってくれるといいんだけど……。

赤瀬川　それは感じたね。ご住職たちがこの対談を読んでどう思われたか、読後感想を聞いてみたかったですね。

火事と廃仏毀釈と落書き

山下　全体を通してずっと意識させられたのは火事でしたね。大昔から京都という町は火事を出しては再建してる。われわれが行った中で一番古い建物は平安時代の平等院ですけど、あれは町なかじゃない。

赤瀬川　その洛中で一番古いのは？

山下　千本釈迦堂《せんぼんしゃかどう》かな。行ってないけど。だから建物としてはほとんどが江戸以降のものなんですよね。だから古都と言っても、奈良にくらべるとそんなに古くはないわけね。

赤瀬川　あっ、そう。

山下　なんせ室町時代の応仁の乱が十年以上続いて、丸焼けになっちゃいましたから。

赤瀬川　そういえばタクシーの運転手さんが、日野富子は悪い女だって、昨日の話みたいに言ってたのはおかしかったですね。

山下　京都って、そういうとこがありますね。ただ明治以降は火事がほとんどないんですよ。最後の大火は、御所が焼けたときの幕末の火事で、戦争の爆撃も受けてませんからね。だから不謹慎だけど、ちょっと次を期待しちゃうんだよね（笑）。ナントカ断層がずれてるから京都で大地震があるんじゃないかという噂もあって……。

赤瀬川　京都だったら、いちおう駆けつける言い訳はあるよね、神戸と違って。友だちもいるからね。たんなる野次馬じゃない。それでカメラでパチパチッと……。

山下　京都だったらぼくも言い訳が立ちます。美術品の破損状態の調査に来ましたとか。

赤瀬川　上げてもらった金閣は大丈夫だったか心配で……とかね（笑）。

山下　あと、京都の大きなお寺でも、明治のはじめにけっこう廃仏毀釈《はいぶつきしやく》の被害に遭《あ》ってましたね。

赤瀬川　いやー、廃仏毀釈って教科書で習って知ってはいたけど実感はなかった。でもあれは相当、乱暴な行為だったんですね。あちこちに行くたびに、つくづくそう思った。

山下　みんな表立っては口にしないけれど、明治の頃はどこのお寺もかなり悲惨な状況にあったんですよ。貧乏してお宝を売っちゃったりとか。平成十二年秋、京都国立博物館で大きな展覧会をやって話題になった伊藤若冲《じやくちゆう》の絵なんかも、それでずいぶん流出してるんですよね。文化財を保護しようなんて、つい最近の考え方ですから。でも、ぼくは形だけ保護しましょうっていうのに対しては否定的なんだけど。

赤瀬川　落書きもいっぱい見ましたもんね。二条城の西門のは良かったなあ、おおらかで。

山下　あれは江戸時代だから由緒がある。何かの本で調べてあらかじめ目をつけていて、赤瀬川さんにぜひ見せたかったんです。

赤瀬川　中の見学が終わってから、真っ暗な庭を懐中電灯を頼りに見に行きましたもんね。懐中電灯の灯りしかないから、写真を撮るのがむずかしかった。

山下　平等院の扉の落書きも江戸時代。全国各地からお参りに来た人が、国と名前を堂々と書いてましたもんね。戦後では銀閣寺の「日本大學應援團」。水泳の日本選手権かなんかで来たときの落書きだった。

赤瀬川　あれはちょっとくやしかったですね、「日本美術応援団」としては（笑）。

山下　昭和二十三年だから、まだ文化財保護法ができてなかったからね。落書きも「こんな悪いことして」って怒っちゃうとそれまでだけど、五十年以上経つと味が出る。表記が旧漢字でしたもんね。

オトナの修学旅行生、コドモの頃は？

山下　ところで、赤瀬川さんは修学旅行に行ったんですか？

赤瀬川　まず小学校のときは、おねしょが続いてたんで恥ずかしくてとても団体旅行なんか行けないと思って……。欠席の理由は何にしたかな。まだそんなに貧乏じゃなかったけど行かなかった。中学の旅行は、まだおねしょの問題もあったけど、貧乏で行けなかった。

山下　そのときは貧乏のほうの比重が大きかったんだ。ちなみにおねしょはいつまで？

赤瀬川　中学二年の終わりから三年のはじめ頃かな。実は、ぼくはこんなに気が弱いのに演劇部に入っていて……。

山下　えっ、演劇部……信じられない！

赤瀬川　その演劇部の三年生の先輩を送るクリスマスに、二年生の男女五人くらいが一緒に先生の家へ行ったんです。で、夜遅くなって、みんなで雑魚寝《ざこね》をすることになっちゃった。困っちゃってね。憧れのマドンナという存在もいたりするから、絶対眠らないぞと思ってたけど、ウトウト眠っちゃった。あっ！と思って、目が覚めたときにさわってみたら濡れてなかった。ほっとしてね。だから精神作用もあるんでしょうね。ちょうど体もそういう時期に来てたから、その辺からだんだんしたりしなかったりになって、治っていきました。でも、おねしょも中学まで引きずると本人はつらいですよ。

山下　でも、そういう悲しい体験が芸術方面に向かう力になるってこともある（笑）。

赤瀬川　そうですよ。そこで哲学をして、自分ができていく（笑）。なんで人間は生きているんだろう、おねしょをするんだろうって。子供ってそうじゃないですか。

山下　ぼくも子供の頃が一番哲学した。自分の内側と外側をいつも考えてた。どこまでが自分なんだろうって。

赤瀬川　同じ。ぼくは内側外側というより、表面と裏側。見ること、見えることが不思議だったな。

山下　『赤瀬川原平　おねしょを語る』って本を出したら、世の悩めるお母さんたち、買いますよ。ぼくが書評書く（笑）。それで高校は？

赤瀬川　高校時代は自分には絵を描くしかないやという意識がもうかなりできていて、修学旅行へ行くぐらいなら、その金で絵の具を買ったほうがいいと思ってやめた。仲間十人ぐらいで写生旅行に行ったりはしましたけどね。

山下　「修学旅行なんて」っていう反発はありませんでしたか。

赤瀬川　高校のときはそうですよ。形式的でばからしいとは思ってましたね。

山下　ということは一回も行ってない。

赤瀬川　そう。だからやっと念願かなって、還暦過ぎてから修学旅行初体験。おねしょもしなかったし（笑）。

山下　ほんとですか？（笑）

赤瀬川　で、山下さんの修学旅行は？

山下　ぼくは広島生まれだから、小学校の修学旅行はごく近場で下関、北九州。在来線の修学旅行専用列車「なかよし号」に乗って行きました。まず宇部のトキワ公園に行って、下関の水族館を見て、関門トンネルを歩いて渡った。中間地点に本州と九州の境目というのがあって、みんなでそこをまたいで「オオッ」って。でも旅行の最中に鼻血は出すわ、隣のヤツのいびきで寝られないわで、いい思い出はないですね。中学は、中高一貫教育だったから修学旅行がなくて、高校二年のときに九州一周。どこへ行ったかはほとんど覚えてません。一番覚えているのは、うちはカトリックの男子校だったから、外人教師がたくさんいて、一緒に風呂に入った先生のナニ（笑）。みんなショックを受けたみたいで、それ以来その先生にはザボンってあだ名がついた。楽しかったのは、同じようなコースでまわってる女子校の修学旅行生にそこここで会うこと。バスが隣り合って駐車場に止まると、誰かが女子校のバスの中にエロ本を投げ込んだり、そんなことばっかりしてました。

赤瀬川　だから現実にはどこへ行っても同じ。ただそうやってみんなで学校以外のところへ行って、先生とお風呂に入ったり、そういうのは面白いよね。基本的に「文化財」をありがたがる修学旅行は、実際には無駄で、必要ないと思うけど、こうやって京都をまわってみると、あちこちの観光地の財源にはなってるから無下《むげ》にそう言えないっていう気持ちの両方あるんですよね。

山下　将来、長谷川等伯の展覧会をやりたいんで、来週、出身地の能登の調査に行くんですけど、七尾《ななお》駅に等伯の銅像がつい最近できてるんですよ。笑っちゃいますね。日本中どこへ行っても、あらゆるものが町おこしのネタになってるんだけど、そういう意味では、京都は町おこしの必要が基本的にない。これほどブランドとして確立していて、世界中から人が来るところは他にない。ところが修学旅行生の数は減ってるらしいんです。読売新聞の「教育新世紀」っていう記事（平成十二年十月三十日）によれば、国際化、長距離志向が進んで、京都へ行く修学旅行生の数は毎年百万人以上だったのが、一九九七年に百万人を割り込んで以来低迷してる。もちろん一位は一位なんだけどね。九七年は一位が京都、二位北海道、三位が奈良で、奈良は二位から転落してる。そのあと沖縄、長崎、長野、東京、千葉ときて、九位が海外。千葉はきっとディズニーランドなんだろうな。清水寺が、四年前に修学旅行先一位の座をディズニーランドにとられたと言って、くやしがってるのをテレビで見ました。

赤瀬川　ディズニーランドと争ってどうするんだろうね。海外っていうのは？

山下　韓国とか台湾、中国が多いけど、オーストラリアとかアメリカ、カナダなんかもあるんですって。韓国とか台湾は、国内旅行より安上がりだったりしますからね。

赤瀬川　そんなとこまで行っちゃうの？　なんか経済構造からいろんなものがどどっとくずれちゃう気がしますよね。

山下　東京だって、昔は本郷や湯島が修学旅行生用の旅館のメッカだったけど、いまはほぼゼロですもんね。みんなラブホテルかマンションになっちゃってる。この間、文京区ふるさと歴史館っていうところで「思い出の修学旅行」っていう展覧会をやってたんです。もう閉鎖しちゃった旅館にあった物とか、修学旅行専用列車の先頭のプレートなんかもあって面白かった。でも、少なくとも旗持って団体でぞろぞろ歩くというスタイルは、京都ではほとんど見ませんでしたね。

赤瀬川　学生でもタクシーでグループ行動してるみたいでしたね。

山下　基本的に子どもを京都の神社仏閣に連れて行くのは意味ないね。修学旅行で日本美術を見せたって、何も残らない。逆に嫌いになるきっかけを与えてしまう心配のほうが強い。そういうぼくは高校生のときに自発的に京都へ行ってますけど。

赤瀬川　外国にも修学旅行ってあるの？

山下　まずないでしょう。

赤瀬川　韓国は？

山下　韓国はあるかもしれないな。アメリカ、ヨーロッパはないと思う。

赤瀬川　ないよね。団体旅行はあるにはあるけどね。

山下　でも日本ほど団体旅行をする国はないでしょう。基本的にはすごく閉じてる国なんですよ。

赤瀬川　あまり他人より出すぎちゃいけない、それでいて他人並みにはしたいっていうのがベースにあるよね。

山下　ぼくは、それはちっとも嫌いじゃない。だけど、それをシステムとして無理やり温存してるみたいのはかなり時代錯誤かなと思う。その象徴が修学旅行と高校野球かもしれないですね。

赤瀬川　それと家元制。それは悪いというのではなくて、日本人は自然とそうなっちゃうのね。ぼくは以前、草月流家元の勅使河原宏さんとの会話の中でそう思ったんですけど、先生と同じレベルまで行こうと努力することが好きな人には、とてもいいシステムなんです。日本人のほとんどは家元制でいい。ただ何か他人と違うことをしようとする人の場合は、その枠から別のところに出ていかないとできやしない。それは本当に一部の人で、でも一部でいいんですよ。

山下　美術史というのも近代以降につくられた家元制みたいなものですよ。だけど、そのつくられた物差しに沿って、単純にこの作品はいい悪いなんて言っちゃいけないんだと思う。大昔の絵描きに対して失礼。権威としての自覚が足りないよね。平均とか標準とかはないいんですよね。

赤瀬川　そうそう、でも日本人は平均値とか標準が猛烈に気になる民族なんでしょうね。

山下　とは言っても、修学旅行は形としては当分残っていくと思う。

赤瀬川　観光地の側にも引き止めるエネルギーが、まだありますよね。

山下　京都が観光客を呼ぶんだったら、修学旅行の思い出を持ってる人が日本中にいっぱいいるわけだから、それを利用したほうがいい。インターネット見てたら、われわれの連載を読んで自分のホームページでとり上げてた人がいて、自分は中学のときに修学旅行に行って以来久しぶりに京都に行ったけれど、これを読んですごく思うところがあった、みたいなことを書いてました。

赤瀬川　それこそ「京都、オトナの修学旅行」が制度化されるかもしれない（笑）。

山下　京都はやっぱりすごいんですよ。

赤瀬川　表面的にみんな知ってはいるけれど、ぼくが雪舟《せっしゅう》の達磨《だるま》の絵を見たときと同じで、内実を見てないんですよね。だからいざ実際に見ると感動する。京都ってほんとにそうですよね。

山下　世界中にこんなところはあまりないと思いますよ。

赤瀬川　観光地の人びとには、子供の修学旅行はだんだん減ってくるけれど、これからは大人の修学旅行がありますよって。

山下　正しい大人の修学旅行を、同窓会なんかが主催してやったらいいかも（笑）。

赤瀬川　昔は〝富士講〟とか何とか講っていうのがあったでしょ。お金を貯めて順番に富士山に行って。今度は介護保険に代わって「大人の修学旅行保険」っていうのを考えたらいいんじゃないかな（笑）。年がいった人のほうが、京都の良さがほんとにわかると思う。

山下　年がいってるっていうのはすごいことなんですよ。

赤瀬川　……まず経験がある。その上に、何もやらなくていいという身軽さもある。その二つがあったら、大人の修学旅行は完璧です。現役引退した人は、自由度がすごくある。精神的にもすごく自由度はあるはずなのに〝ダメだ〟と思うことで損してる人が多いんです。

山下　真面目に自由をしなきゃいけないと思ってる人が多い。それは美術館で講演なんかしてるとひしひしと感じますね。だからいつまでたっても、みんな受け身なんです。だけど素になって能動的に見なければ、なにも見えない。路上観察学だって能動的に見るってことですよね。

赤瀬川　自分の目で自分の感性で見て、「あれ？　こんなところにこんな面白いものが……」って。

山下　そういう目で見ると、生きてる時間と空間がまるで変わる。赤瀬川さんが路上観察学をはじめた頃、面白くて夜も眠れなかったって書いてますけど、その感じですよね。だからこの本を読んでから、もう一度面白がって行ってみると、いままでとは違った京都の顔が見えてくるんじゃないですかね。

あとがき

日本美術応援団、京都へ

山下裕二

まず、この本のカバーの「コスプレ」について、説明しておきたい。六十代の初老(赤瀬川さんゴメン!)と四十代の中年が、なぜ、田舎の中学生みたいな学生服を着ているのか。

『京都、オトナの修学旅行』というタイトルだから、「オトナ」の著者二人が「コドモ」の頃の格好をした、といえばそれまで。だが、わざわざスタジオで撮影してまで、こんな装幀にしたのには、ちょっとした経緯と理由がある。

書店の「観光ガイド」コーナーで、たまたまこの本を手にとった人は、「よくもまあ、こんなオッサンたちが……」と思われるだろう。でも、赤瀬川さんや私のことをある程度ご存じで、「美術」への興味から手にしたかなりの読者は、「ああ、第二弾ね」と思われるんじゃないか。第二弾から入る人たちには、第一弾のことも説明したいし、第一弾に続いて第二弾を読んでくれる人たちには、「その後」を報告しておきたい。

赤瀬川さんと私の対談集第一弾、『日本美術応援団』（日経BP社）が出たのは、二〇〇〇年二月。この「あとがき」を書いている二〇〇一年の真冬から、ちょうど一年前。

そうか、一年か……。この本が出てから、ずいぶんあわただしい時間を過ごしてきたから、時間の感覚がなんとなくおかしくなっている。

『日本美術応援団』は、休刊になってしまった『日経アート』という美術雑誌に、一九九六年から九九年にかけて連載した対談をまとめたもの。バックナンバーを引っぱり出して、初回の対談風景の写真を見ると、私は今よりずいぶんふっくらしているし、赤瀬川さんの髪も少し多い。九十六年の三月号だから、この写真はちょうど五年前。

そうか、五年か……。三十七歳から四十二歳にかけてだから、私自身も、私をとりまく状況も、「激変」と言っていいほど変わった。そして、その「激変」の大きな要因のひとつに、赤瀬川さんからの「感化」があったことは、いうまでもない。

『日本美術応援団』は、ずいぶんいろんなメディアで紹介された。今までにない切り口で、日本美術の面白さを伝えようとする内容が、ある程度伝わったんだろうけど、なんといっても、表紙のインパクトは大きかったんじゃないか。

単行本にまとめるときに、ずいぶん時間をかけて、タイトルとか表紙とかの作戦を練ったのだが、装幀の達人・南伸坊さんが出した結論は、連載時のタイトルそのまんま『日本美術応援団』で、カバーも、応援団だから学ラン着ましょう、だった。そして、北斎の赤富士を背景に、元左翼とノンポリが「一瞬の右翼」のコスプレをすることとなった。

この表紙のおかげで、ふだんは日本美術なんて敬遠している人が、たまたま手にとってくれたことも多いんじゃないか。それこそ、私が意図していた日本美術の「応援」の成果なのである。

いろんなメディアが紹介してくれた中で、いちばんうれしかったのは、『アサヒ芸能』に小さな紹介記事が出たこと。『アサヒ芸能』を愛読している美術史家なんて私ぐらいだろうが、『アサヒ芸能』に紹介された美術書も、『日本美術応援団』ぐらいのものだろう。ちょっと自慢したい。

さて、『日本美術応援団』を準備している頃に、赤瀬川さんと、フリー・エージェント宣言して、移籍先を探さなくっちゃ、という話をよくしていた。つまり、それまで所属していた『日経アート』球団を円満退団して、移籍先の球団のオファーを、われわれは待っていたのだ。

赤瀬川さんは、球界、つまり出版界では超有名人だから、いくつかのオファーはあったようだ。そして、最終的に淡交社がオーナーである月刊誌『なごみ』球団が、われわれに新しい活躍の場を用意してくれた。移籍に際して、ダン野村みたいな人が仲介して、ちょっと困ったこともあったが、この人がいなければ、われわれのFA移籍も実現しなかったわけで、感謝しています。

『なごみ』に連載することになって、最初の打ち合わせのとき、「京都、オトナの修学旅行」というタイトルにしましょう、という方針は、すんなり決まった。修学旅行の定番になっているような、京都の観光名所をあらためて歩いて、なかなか気づかないような面白さをあらためて発見しましょう、という趣旨である。

実は、この打ち合わせのとき、すでに私の頭の中には、密《ひそ》かな企《たくら》みがすでにあった。単行本にするときには、田舎の中学生みたいな学生服を着てカバーにしよう……できればミニスカートのバスガイドも仕込みたいな……ふふふ……。

というわけで、この第二弾でも、厳しい企画会議を経て、めでたくこんな私の密かな企みであったコスプレが、実現することとなったのである。

『なごみ』誌上の連載がスタートしたのは、二〇〇〇年の一月号。FA移籍先の監督、というか修学旅行の引率の先生は、滝井真智子編集長。もちろん、毎回、同行してくれる。この先生、用意万端ぬかりのない人で、修学旅行生が「予習」するための「教材」は、ばっちりそろえてある。

赤瀬川さんは、もともと事前のデータなんか関係なく、長嶋サンみたいに「来た球を打つ」人（それで打てるのはものすごい経験の蓄積があるからなんだけど）。だから、「学級委員」みたいに、シコシコ「予習」したりはしない。

でも、私の方は、一応、職業・美術史家ということになっているから（最近ちょっと怪しくなってきたけど）、『日経アート』球団のころには、データを集める仕事がけっこう大変だった。たてまえとしての美術史家の仕事は、修学旅行生のための教材をつくることだから。実は、このたてまえが有効に機能していないことが、日本の古美術をめぐる状況の中で、最大の問題なんだけれど。

ところが、今回の『なごみ』球団の「遠征」では、この監督を頼って、だんだん「素《す》」に近くなっていったのである。つまり、「みなさん、お寺では静かに鑑賞しましょう」みたいな、「学級委員」的たてまえを、どんどん放棄することになったのである。五年間、三十回ほども一緒に赤瀬川さんと旅行していると、「来た球を打つ」という原点の大切さが、いやでもしみこんでくるから。

でも、「来た球を打つ」には、何万回もバットを振る練習が必要だし、修学旅行生の予習だって、無駄ではない。しかし、無理やり予習をさせられると、見る前にいやになってしまう。「コドモの修学旅行」は、日本美術を本当に楽しむための芽を摘むことにしかなっていない。これが悲しい。

赤瀬川さんは、「日本美術」などとはサラサラ関係ない、「アバンギャルド」や「千円札裁判」や「文学」の経験を通じて、「日本美術」の見方の勘どころみたいなものに行き着いた人だ。私はといえば、ガチガチの学級委員的な「日本美術」の世界に生きてきて、「予習」だけじゃだめだ、みたいなことにようやく気づいて、「オトナ」になりかけたところ。

そんな二人の修学旅行生があらためて体験する京都は、とにかく面白かったなあ……。第一回目の取材先は、かの有名な金閣寺、じゃなくて金閣。なにせ、境内に入ったとたんに、『正面の建物は「金閣」です。金閣寺ではありません。』という大きな看板があって、え、というところからスタートしたのだった。

相手が、いきなりセーフティ・バント、みたいな感じだったのだが、もちろん、『日本美術応援団』は、すかさず、こんな看板を写真に撮って掲載する。そして、写真を撮っているところも、撮っておく。

しかも、記念すべき第一試合の開始時間に、われわれは遅刻。いきなり相手の監督、つまり和尚様に怒られて、どうなることかと思ったが、ずいぶん寛容に許していただき、面白い話をたくさん聞かせていただいた。それにしても、編集長はずいぶん心配されたでしょうねえ……。

第二回、二条城、第三回、東寺、第四回、高台寺・円徳院……と続いていくうちに、われわれの「旅の作法」も、徐々に固まっていった。『日本美術応援団』で全国を歩いていた頃とはまた少し違う、京都ならではの作法みたいなものが。

昼はどんぶりよりうどん。できれば、地元のおっちゃんが昼飯食べているような店がいい。「試合」が終わって、「ミーティング」の前に、中古カメラ屋、ジャンク系骨董屋をのぞくのははずせない。夜は和食でもワイン。軽い二次会もやぶさかではない。帰りは京都駅の伊勢丹で「仕込み」をして「こだま」の個室で反省会。等々……。

滝井編集長、そして同行してくれた竹前朗カメラマンは、こんな修学旅行生二人に、よくぞつきあってくださいました。そして、私のコスプレ趣味を許してくださった編集担当の植田伊津子さん、またまたこんな装幀を手がけてくださった、日本美術応援団団員二号の南伸坊さん、ありがとうございました。

ここではいちいちお名前をあげられませんが、取材先の和尚様や学芸員、広報担当の方は、目をまるくされたことも多かったでしょう。この二人、なんでこんなものを写真に撮るんだろうかと。

一見ふざけているように見えるかもしれませんが、実は、ただの「ブランド」としての京都ではなく、その楽しみ方の勘どころを伝えたい、というまじめな動機でつくっている本ですから、平にご容赦ください。

ところで、FAの権利というのは、すぐにまたとれるもので、どちらかの球団でやとってもらえませんか。第三弾は、あらためて熱海や二見ヶ浦みたいな〝かつての名所旧跡〟を歩く「全日本わびさび観光地応援団」みたいなのを構想しているんですが……。

二〇〇一年二月　　日本美術応援団団長　これを記す

④ありがたいご本尊だけでなく、隅々にまで眼を凝らすこと
⑤持参した資料は、宅配便で自宅に返送すること
⑥レポートの提出期限は守ること

【解散時間・場所】

未定。現地解散、もしくは新幹線の到着駅で。新横浜で下車する場合は、ホームから手を振ることを忘れないように

【保護者の方へ】

①必要以上の現金は持たせないようにしてください。中古カメラ、骨董などに浪費する生徒がまま見受けられますので
②お寺の中で携帯電話が鳴らないように、充分言い含めておいてください。和尚様が怒りますから。でも、最近は携帯を鳴らす和尚様もおられるようです
③暴飲暴食は慎むように、これも充分言い含めておいてください。でも、もうオトナですからそんなことはないと思いますが
④修学旅行の前に、原稿の締切はクリアしておくように。これこそ言い含めておいてください。せっかくの修学旅行を楽しむために

「京都、オトナの修学旅行」の手引き

【集合時間・場所】

当日10時頃、東京発の新幹線の座席。のぞみの普通車ではなく、ひかりのグリーン車を予約するほうが望ましい。新横浜からの乗車も可

【見学場所】

誰でも名前だけは知っている京都の定番観光地

【宿泊】

中の上ぐらいのホテルのシングル

【持ち物】

①この本　必ず持ってくること
②カメラ　撮影禁止のお寺が多いので、シャッター音の小さいライカが最適（口外しないように）
③懐中電灯　ひょっとして薄暗いところを特別に見せてもらえるかもしれないから
④近距離用単眼鏡　美は細部に宿る
⑤お金　クレジットカード不可の中古カメラ屋、骨董屋もあるから

【服装】

①学生服が望ましいが、恥ずかしい人は私服も可
②ブランドもののカバンは禁止。持って来た場合は没収
③靴はヒールの低いはき慣れたもので
④帽子、アクセサリーなどは自由。ただし拝観拒否されない程度の華美でないものに限る

【注意事項】

①由緒、故事来歴はそこそこに予習すること
②見学先の和尚様の話をよく聴くこと
③夜のミーティングの前に泥酔しないこと

解説

『こういうこと』の大先輩。

みうらじゅん

こういうこととは、どういうことかと言うと、すなわちみんなが気がついてそうで気がついてないことである。

前は気がついていたけど、その内に忘れてしまったことかも知れない。

それは、修学旅行がイマイチだったこと。

先ず、字ヅラが悪い。

この世にはたくさんの旅行が存在するが、その中でも特にパァッとしない旅行名の代表格である。

〝修学〟、一応、電子辞書で調べてみると、『学問を修め習うこと』と、ある。

堅い。

単に堅くて入り込む余地がない。そこには〝怒張〟にある堅過ぎて、笑っちゃうような響きすらない。

世間では、特に学生時代とゆーものは真面目であった方がいいとされている。それは単に真面目な学生の方が不真面目、またはヤンキーよりも扱い易いからだ。問題はあくまでテストに出題されるもので、問題を自ら起こす学生は教師にとって面倒臭いということだ。

特に修学旅行は初めてボンノウの徒が学校を離れ、世間に放たれる時。ボンノウのボが暴徒と成らないように引率の教師もハラハラだ。

気をつけなければならないことは数々ある。他校生とのケンカや、飲酒、喫煙、旅館の障子を破らないこと、風呂での大騒ぎなど、挙げていくとキリがない。

枕投げも修学旅行ならではの儀式と呼べるが、そこは旅館側も学校と相談したのか現在では籾殻《もみがら》を増量することによって一撃食らえばかなりのダメージを受ける強化枕に変身。枕投げの危険さを学生にアピールし、その防止に努めているという。

そんなことよりも、何よりも大変なことがある。ボンノウの徒と呼ばれる由縁は修学旅行時期に性の目醒めを迎える、または開花、さらに無闇矢鱈にムラムラする生徒が多数いることである。

この問題はいくら性教育に時間を割いても解決することはなく、教師とてその答は風に舞っているのである。

ふだんあまり、考えもしないくせにそんな時だけ神や仏に縋る癖は日本人なら誰しもある。

修学旅行先に奈良や京都が多いのはそのためで、取り敢えず大仏の前にボンノウの徒を晒しておけば仏がどうにかしてくれんじゃねぇのって、思ったわけだ。

大仏側からしたらホント、大変な迷惑で、「デケー」とか「パンチパーマ」とか勝手なことを言われっ放しで、説教する気にもならないのは当然だ。

中には大仏の前で「オレはコクる！」などと、前夜から女子のことばっかり考えてる不届き者もいる始末。大仏の立場は単なるコクリ場所に過ぎず、わざわざ遠くインドから来日した苦労も水の泡というものだ。

じゃ、マン・ツー・マン方式はどうだ？　と、京都・三十三間堂にコース変更。千体＋《プラス》一体の仏様ならボンノウの徒も少しは仏と向き合い、慈悲に心を打たれるのではとスウィートな考え。

今、開花の時期を迎えたボンノウが二、三泊の修学旅行で押さえられるわけがない。

一体、このシステムが何十年続けられているのか分らないが、もうそろそろ諦らめてもいいのではないか？　修学なんて立前で、行かなきゃなんないから行ってるだけの惰性の旅行になってないのか？

「ねぇ、旅行連れてってよー」

大人になり、甘え声で女子に言われ、初めはうれしかった旅行でも、回を重ねるごとにワクワクは失せ、

「最近、全然連れてってくれないじゃない」

と、女子から不満が溢れ始めると、もうつまんない。そこにも修学旅行にある強制や強要という重苦しい空気が流れてる。

本来、旅行は楽しいものだ。楽しくて楽しくて仕方ないものだ。その気持ちを前面に押し出せないものは旅行ではなく巡礼である。

四国を旅するお遍路は、今では一部観光化されているが、本来は自分捜しならぬ自分なくしを目的とする。自分などというボンノウの権化をすっかり捨てて、無の境地に到達するのだ。だから、それは巡礼。お土産をドッサリ買って帰る旅行とは意味が違う。

修学旅行、このネーミングは間違いである。本来の目的を貫くなら〝修学巡礼〟と、呼んだ方がいい。そうなるとファッションも変ってくる。そもそも軍服であった学生服は当然、衣。白装束の軍団が新幹線から降りてくる姿はどこかの宗教団体さながら

である。

もう一度、日本にしっかり仏教を取り入れるか否か、修学旅行先がそれでも社寺仏閣に向うなら考える時である。

それでもこのシステムを惰性で続けたいなら、修学旅行の時期をズラすしかない。20代ではいけない。30代でもまだまだ。40代はどうか？　そろそろ将来の不安が若きボンノウを押し潰す頃だ。さらにもう少しズラし50代。飲み屋の会話の中心は体調の悪いこと。

「最近、トンとダメで」などと、己れの非を認めた時、修学旅行は本来の意味を持つ。

「いやぁー、先人の残されたものはやっぱスゴイね」

とか、

「オレの余生を全部費やしても、こんな作品はつくれねぇよ」

と、感嘆の言葉を漏らすこと請け合いだ。

修学旅行をする前に先ず、己れの人生のちっぽけさを知ること。それと比べてこそ文化財の素晴らしさが浮き立ってくるというものだ。

どうやら人は死ぬというではないか?!

「この愛は永遠だ」って、よく耳にはするが無理だというではないか?!　本当は

〝愛〟ってよく分からないし、永遠など存在しないっていうではないか?!

国宝や重要文化財っていうけど、結局は人が決めたことで、何代にも渡りキープオン補修の結果、その形を辛うじて今に留めているに過ぎないというではないか?!

〝形あるものは滅びる〟

釈尊は流石、うまいことおっしゃる。偶像崇拝をするではないともおっしゃったが死後、五百年ほど経ち「そろそろ肖像権も切れてんじゃないの」と、誰かが気付き釈尊像がこの世に誕生した。

そして、かつての古代インドの宗教やヒンズー教を取り込み、さまざまな形態をした仏像が生み出された。

気の遠くなるような時の流れが、それらを永遠に見せ、難解に見せてはいるが、仏像とて形のあるもの。〝形あるものは滅びる〟(BY・釈尊)なのである。

それがもののあわれであり、切なさであり、人々が最終的に到達しなければならない〝諦め〟の境地なのである。

人も病院で病気を治せるが、補修することは出来ない。整形は出来ても永遠に同じ状態に留めておくことは出来ない。

たまたまこの時代に生れて、たまたまこの時代に残った文化財を見てる。その両者にはものすごい時の隔たりがあることを従来の修学旅行生は気付く余地がない。若いという証明は〝自分〟というものがあると堅く信じていることだ。もう、そろそろいいでしょう。もう、そろそろ気付かれたでしょう。〝自分〟なんて、邪魔臭いものの代名詞であることを。

大人の修学旅行は気の合わないヤンキーと行くこともなく、性のボンノウもそろそろ弱気。自分など忘れてただただ今、残された文化財に「よく残ってた」と、拍手を送ること。〝こういうこと〟の大先輩はきっと、そういうことを教えて下さっているのだと思う。

酒・タバコは許されてんだから、もう。

本書は二〇〇一年三月、淡交社より刊行された。

思考の整理学　外山滋比古

アイディアを軽やかに離陸させ、思考をのびのびと飛行させる方法を、広い視野とシャープな論理で知られる著者が、明快に提示する。

質問力　齋藤孝

コミュニケーション上達の秘訣は質問力にあり！ これさえ磨けば、初対面の人からも深い話が引き出せる。話題の本の、待望の文庫化。（斎藤兆史）

整体入門　野口晴哉

日本の東洋医学を代表する著者による初心者向け野口整体のポイント。体の偏りを正す基本の「活元運動」から目的別の運動まで。（伊藤桂一）

命売ります　三島由紀夫

自殺に失敗し、「命売ります。お好きな目的にお使い下さい」という突飛な広告を出した男のもとに、現われたのは？（種村季弘）

こちらあみ子　今村夏子

あみ子の純粋な行動が周囲の人々を否応なく変えていく。第26回太宰治賞、第24回三島由紀夫賞受賞作。書き下ろし「チズさん」収録。（町田康／穂村弘）

ベルリンは晴れているか　深緑野分

終戦直後のベルリンで恩人の不審死を知ったアウグステは彼の甥に訃報を届けに陽気な泥棒と旅立つ。歴史ミステリの傑作が遂に文庫化！（酒寄進一）

向田邦子ベスト・エッセイ　向田邦子　向田和子編

いまも人々に読み継がれている向田邦子。その随筆の中から、家族、食、生き物、こだわりの品、旅、仕事、私……、といったテーマで選ぶ。（角田光代）

倚りかからず　茨木のり子

もはや／いかなる権威にも倚りかかりたくはない……話題の単行本に3篇の詩を加え、高瀬省三氏の絵を添えて贈る決定版詩集。（山根基世）

るきさん　高野文子

のんびりしていてマイペース、だけどどっかヘンテコな、るきさんの日常生活って？ 独特な色使いが光るオールカラー。ポケットに一冊どうぞ。

劇画 ヒットラー　水木しげる

ドイツ民衆を熱狂させた独裁者アドルフ・ヒットラーとはどんな人間だったのか。ヒットラー誕生からその死まで、骨太な筆致で描く伝記漫画。

ねにもつタイプ　岸本佐知子
何となく気になることにこだわる、ねにもつ。思索、奇想、妄想はばたく脳内ワールドをリズミカルな名短文でつづる。第23回講談社エッセイ賞受賞。

TOKYO STYLE　都築響一
小さい部屋が、わが宇宙。ごちゃごちゃと、しかし快適に暮らす、僕らの本当のトウキョウ・スタイルはこんなものだ！　話題の写真集文庫化！

自分の仕事をつくる　西村佳哲
仕事をすることは会社に勤めること、ではない。仕事を「自分の仕事」にできた人たちに学ぶ、働き方のデザインの仕方とは。（稲本喜則）

世界がわかる宗教社会学入門　橋爪大三郎
宗教なんてうさんくさい⁉　でも宗教は文化や価値観の骨格であり、それゆえ紛争のタネにもなる。世界宗教のエッセンスがわかる充実の入門書。

ハーメルンの笛吹き男　阿部謹也
「笛吹き男」伝説の裏に隠された謎はなにか？　十三世紀ヨーロッパの小さな村で起きた事件を手がかりに中世における「差別」を解明。（石牟礼道子）

増補　日本語が亡びるとき　水村美苗
明治以来豊かな近代文学を生み出してきた日本語が、いま、大きな岐路に立っている。我々にとって言語とは何なのか。第8回小林秀雄賞受賞作に大幅増補。

子は親を救うために「心の病」になる　高橋和巳
子は親が好きだからこそ「心の病」になり、親を救おうとしている。精神科医である著者が説く、親子という「生きづらさ」の原点とその解決法。

クマにあったらどうするか　姉崎等　片山龍峯
「クマは師匠」と語り遺した狩人が、アイヌ民族の知恵と自身の経験から導き出した超実践クマ対処法。クマと人間の共存する形が見えてくる。（遠藤ケイ）

脳はなぜ「心」を作ったのか　前野隆司
「意識」とは何か。どこまでが「私」なのか。死んだら「心」はどうなるのか。――「意識」と「心」の謎に挑んだ話題の本の文庫化。（夢枕獏）

モチーフで読む美術史　宮下規久朗
絵画に描かれた代表的な「モチーフ」を手掛かりに美術を読み解く、画期的な名画鑑賞の入門書。カラー図版約150点を収録した文庫オリジナル。

品切れの際はご容赦ください

異界を旅する能　安田登

「能」は、旅する「ワキ」と、幽霊や精霊である「シテ」の出会いから始まる。そして、リセットが鍵となる日本文化を解き明かす。（松岡正剛）

見えるものと観えないもの　横尾忠則

アートは異界への扉だ！　吉本ばなな、島田雅彦から黒澤明、淀川長治まで、現代を代表する十一人との、この世ならぬ超絶対談集。（和田誠）

ぼくなりの遊び方、行き方　横尾忠則

日本を代表する美術家の自伝。登場する人物、起こる出来事その全てが日本のカルチャー史！　壮大な物語はあらゆるフィクションを超える。（川村元気）

アンビエント・ドライヴァー　細野晴臣

はっぴいえんど、YMO……日本のポップシーンで様々な花を咲かせ続ける著者の進化し続ける自己省察。帯文＝小山田圭吾　（テイ・トウワ）

skmt 坂本龍一とは誰か　坂本龍一＋後藤繁雄

坂本龍一は、何を感じ、どこへ向かっているのか？　独特編集者・後藤繁雄のインタビューにより、独創性の秘密にせまる。予見に満ちた思考の軌跡。

日本美術応援団　赤瀬川原平　山下裕二

雪舟の「天橋立図」凄いけどどこかヘン!?　光琳にはなくて宗達にはある〝乱暴力〟とは？　教養主義にとらわれない大胆不敵な美術鑑賞法!!

建築探偵の冒険・東京篇　藤森照信

街を歩きまわり、古い建物、変わった建物を発見し調査する〝東京建築探偵団〟の主唱者による、建築をめぐる不思議で面白い話の数々。（山下洋輔）

普段着の住宅術　中村好文

住む人の暮らしにしっくりとなじむ、居心地のよい住まいを一緒に考えよう。暮らす豊かさの滋味を味わう建築書の名著、大幅加筆の文庫で登場。

私の好きな曲　吉田秀和

永い間にわたり心の糧となり魂の慰藉となってきた、最も愛着の深い音楽作品について、その魅力を語る、限りない喜びにあふれる音楽評論。（保苅瑞穂）

世界の指揮者　吉田秀和

フルトヴェングラー、ヴァルター、カラヤン……演奏史上に輝く名指揮者28人に光をあて、音楽の特質と魅力を論じた名著の増補版。（二宮正之）

モチーフで読む美術史２　宮下規久朗

絵の中に描かれた代表的なテーマを手掛かりに美術を読み解く入門書、第二弾。壁画から襖絵まで和洋幅広いジャンルを網羅。カラー図版２５０点以上！

しぐさで読む美術史　宮下規久朗

西洋美術では、身振りや動作で意味や感情を伝える。古今東西の美術作品を「しぐさ」から解き明かす『モチーフで読む美術史』姉妹編。図版２００点以上。

印象派という革命　木村泰司

モネ、ドガ、ルノワール。日本人に人気の印象派の絵は、美術史に革命をもたらした芸術運動だった！　近代美術史の核心を一冊で学べる入門書。

既にそこにあるもの　大竹伸朗

画家、大竹伸朗「作品への得体の知れない衝動」を伝える20年間のエッセイ。文庫では新作を含む木版画、未発表エッセイ多数収録。（森山大道）

眼の冒険　松田行正

森羅万象の図像を整理し、文脈を超えてあらわれる象徴的な意味を読み解くことで、デザイン的思考の臨界に迫る。図版資料満載の美装文庫。（鷲田清一）

シャネル　山田登世子

最強の企業家、ガブリエル・シャネル。彼女のブランドと彼女の言葉は、抑圧された世界の女性を鮮やかに解き放った――その伝説を一冊に。（鹿島茂）

グレン・グールド　青柳いづみこ

20世紀をかけぬけた衝撃の演奏家の遺した謎をピアニストの視点で追い究め、ライヴ演奏にも着目、つねに斬新な魅惑と可能性に迫る。（小山実稚恵）

音楽放浪記　世界之巻　片山杜秀

クラシック音楽を深く愉しみたいなら、歴史的な脈絡をつけて聴くべし！　古典から現代音楽を整理し、音楽の本質に迫る圧倒的な音楽評論。（三浦雅士）

音楽放浪記　日本之巻　片山杜秀

山田耕筰、橋本國彦、伊福部昭、坂本龍一……。伝統と西洋近代の狭間で、日本の音楽家は何を考えたか？　稀代の評論家による傑作音楽評論。（井上章一）

歌を探して　友部正人

詩的な言葉で高く評価されるミュージシャン自ら選んだベストエッセイ。最初の作品集から書き下ろしまで。帯文＝森山直太朗（谷川俊太郎）

品切れの際はご容赦ください

文房具56話　串田孫一

使う者の心をときめかせる文房具。どうすればこの小さな道具が創造力の源泉になりうるのか。文房具の想い出や新たな発見、工夫や悦びを語る。

おかしな男　渥美清　小林信彦

芝居や映画をよく観る勉強家の彼と喜劇マニアのぼく。映画「男はつらいよ」の〈寅さん〉になる前の若き日の渥美清の姿を愛情こめて綴った人物伝。（中野翠）

青春ドラマ夢伝説　岡田晋吉

『青春とはなんだ』『俺たちの旅』『あぶない刑事』……。テレビ史に残る名作ドラマを手掛けた敏腕TVプロデューサーが語る制作秘話。（鎌田敏夫）

万華鏡の女　女優ひし美ゆり子　ひし美ゆり子　樋口尚文

ウルトラセブンのアンヌ隊員を演じてから半世紀、いまも人気を誇る女優ひし美ゆり子。70年代には様々な映画にも出演した。女優活動の全貌を語る。

ゴジラ　香山滋

今も進化を続けるゴジラの原点。太古生命への讃仰、原水爆への怒りなどを込めた、原作者による小説・エッセイなどを集大成する。（竹内博）

赤線跡を歩く　木村聡

戦後まもなく特殊飲食店街として形成された赤線地帯。その後十余年、都市空間を彩ったその宝石のような建築物と街並みの今を記録した写真集。

おじさん酒場 増補新版　山田真由美文　なかむらるみ絵

いま行くべき居酒屋、ここにあり！　居酒屋から始まる夜の冒険へ読者をご招待。さあ、読んで酒を飲もう。いい酒場に行こう。巻末の名店案内105も必見。

プロ野球新世紀末ブルース　中溝康隆

伝説の名勝負から球界の大事件まで愛と笑いの平成プロ野球コラム。TV、ゲームなど平成カルチャーとプロ野球の新章を増補し文庫化。（熊崎風斗）

禅ゴルフ　Dr.ジョセフ・ペアレント　塩谷紘訳

今という瞬間だけを考えてショットに集中し、結果に関して自分を責めない。禅を通してゴルフの本質と心をコントロールする方法を学ぶ。

国マニア　吉田一郎

ハローキティ金貨を使える国があるってほんと⁉　私たちのありきたりな常識を吹き飛ばしてくれる、世界のどこか変てこな国と地域が大集合。

旅の理不尽　宮田珠己

旅好きタマキングが、サラリーマン時代に休暇を使い果たして旅したアジア各地の脱力系体験記。鮮烈なデビュー作、待望の復刊！（蔵前仁一）

ふしぎ地名巡り　今尾恵介

古代・中世に誕生したものもある地名は「無形文化財」的でありながら、「日用品」でもある。異なる性格を同時に併せもつ独特な世界を紹介する。

はじめての暗渠散歩　本田創／髙山英男／吉村生／三土たつお

失われた川の痕跡を探して散歩すれば別の風景が現れる。橋の跡、コンクリ蓋、銭湯や豆腐店等水に関わる店。ロマン溢れる町歩き。帯文＝泉麻人

鉄道エッセイコレクション　芦原伸 編

本を携えて鉄道旅に出よう！　文豪、車掌、音楽家——、生粋の鉄道好き20人が愛を込めて書いた「鉄分100％」のエッセイ／短篇アンソロジー。

発声と身体のレッスン　鴻上尚史

あなた自身の「こえ」と「からだ」を自覚し、魅力的に向上させるための必要最低限のレッスンの数々。続ければ驚くべき変化が！（安田登）

B級グルメで世界一周　東海林さだお

読んで楽しむ世界の名物料理。キムチの辛さにうなり、小籠包の謎に挑み、チーズフォンデュを見直し、どこかで一滴の醬油味に焦がれる。（久住昌之）

中央線がなかったら　見えてくる東京の古層　陣内秀信／三浦展 編著

中央線がもしなかったら？　中野、高円寺、阿佐ヶ谷、国分寺……地形、水、古道、神社等に注目すれば東京の古代・中世が見えてくる！　対談を増補。

決定版　天ぷらにソースをかけますか？　野瀬泰申

食の常識をくつがえす、衝撃の一冊。天ぷらにソースをかけないのは、納豆に砂糖を入れないのは——あなただけかもしれない。（小宮山雄飛）

増補　頭脳勝負　渡辺明

棋士は対局中何を考え、休日は何をしている？　将棋の面白さ、プロ棋士としての生活、いま明かされるトップ棋士の頭の中！（大崎善生）

世界はフムフムで満ちている　金井真紀

街に出て、会って、話した！　海女、石工、コンビニ店長……。仕事の達人のノビノビ生きるコツを拾い集めた。楽しいイラスト満載。（金野典彦）

品切れの際はご容赦ください

考現学入門 今和次郎 藤森照信編

震災復興後の東京で、都市や風俗への観察・採集からはじまった〈考現学〉。その雑学の楽しさを満載し、新編集でここに再現。（藤森照信）

超芸術トマソン 赤瀬川原平

都市にトマソンという幽霊が！ 街歩きに新しい楽しみを、表現世界に新しい衝撃を与えた超芸術トマソンの全貌。新発見珍物件増補。（藤森照信）

路上観察学入門 赤瀬川原平／藤森照信／南伸坊編

マンホール、煙突、看板、貼り紙……路上から観察できる森羅万象を対象に、街の隠された表情を読みとる方法を伝授する。（とり・みき）

自然のレッスン 北山耕平

自分の生活の中に自然を蘇らせる、心と体と食べ物のレッスン。自分の生き方を見つめ直すための詩的な言葉たち。帯文＝服部みれい（曽我部恵一）

地球のレッスン 北山耕平

地球とともに生きるためのハートと魂のレッスン。そして、食べ物について知っておくべきこと。絵＝長崎訓子。推薦＝二階堂和美（広瀬裕子）

ROADSIDE JAPAN 珍日本紀行 東日本編 都築響一

秘宝館、意味不明の資料館、テーマパーク……。路傍の奇跡ともいうべき全国の珍スポットを走り抜ける旅のガイド、東日本編一七六物件。

ROADSIDE JAPAN 珍日本紀行 西日本編 都築響一

蠟人形館、怪しい宗教スポット、町おこしの苦肉の策が生んだ妙な博物館。日本の、本当の秘境は君のすぐそばにある！ 西日本編一六五物件。

ウルトラマン誕生 実相寺昭雄

オタク文化の最高峰、ウルトラマンが初めて放送されてから40年。創造の秘密に迫る。スタッフたちの心意気、撮影所の雰囲気をいきいきと描く。

ウルトラ怪獣幻画館 実相寺昭雄

ジャミラ、ガヴァドン、メトロン星人など、ウルトラマンシリーズで人気怪獣を送り出した実相寺監督が書き残した怪獣画集。オールカラー。（樋口尚文）

輝け！ キネマ 西村雄一郎

日本映画の黄金期を築いた巨匠と名優、小津安二郎と原節子、溝口健二と田中絹代、木下恵介と高峰秀子、黒澤明と三船敏郎。その人間ドラマを描く！

関西フォークがやって来た！　なぎら健壱

1960年代、社会に抗う歌を発表した「関西フォーク」。西岡たかし、高田渡、フォークルらの足跡を辿り、関西のアングラ史を探る。（タブレット純）

痛みの作文　ANARCHY

京都・向島の過酷な環境で育った少年は音楽と仲間に出会い奇跡を起こす。日本を代表するラッパーが綴る魂震えるリアル・ストーリー。（都築響一）

大正時代の身の上相談　カタログハウス編

他人の悩みはいつの世も蜜の味。大正時代の新聞紙上で129人が相談した、あきれた悩み、深刻な悩みが時代を映し出す。（小谷野敦）

横井軍平ゲーム館　横井軍平　牧野武文

数々のヒット商品を生み出した任天堂の天才開発者・横井軍平。知られざる開発秘話とクリエイター哲学を語った貴重なインタビュー。（ブルボン小林）

悪魔が憐れむ歌　高橋ヨシキ

政治的に正しくなく、安っぽいショックの中にこそ救いとなる表現がある。映画に「絶望と恐怖」という友人を見出すための案内書。（田野辺尚人）

バーボン・ストリート・ブルース　高田渡

流行に迎合せず、グラス片手に飄々とうたい続け、いぶし銀のような輝きを放ちつつ逝った高田渡の酔いどれ人生、ここにあり。（スズキコージ）

間取りの手帖　remix　佐藤和歌子

世の中にこんな奇妙な部屋が存在するとは！　間取りと一言コメント。文庫化に当たり、間取りとコラムを追加し著者自身が再編集。（南伸坊）

ブルース・リー　四方田犬彦

ブルース・リーこと李小龍はメロドラマで高評を獲得し、アクション映画の地図を塗り替えた。この天才俳優の全作品を論じる、アジア映画研究の決定版。

たまもの　神藏美子

彼と離れると世界がなくなってしまうと思っていたのに、別の人に惹かれ二重生活を始めた「私」。写真と文章で語られる「センチメンタルな」記録。

青春と変態　会田誠

著者の芸術活動の最初期にあり、高校生男子の暴発するエネルギーを、日記形式の独白調で綴る変態的青春小説もしくは青春的変態小説。（松蔭浩之）

品切れの際はご容赦ください

日本の村・海をひらいた人々　宮本常一

民俗学者宮本常一が、日本の山村と海、それぞれに暮らす人々の、生活の知恵と工夫をまとめた貴重な記録。フィールドワークの原点。（松山巖）

広島第二県女二年西組　関千枝子

8月6日、級友たちは勤労動員先で被爆した。突然に逝った39名それぞれの足跡をたどり、彼女らの生を鮮やかに切り取った鎮魂の書。（山中恒）

誘拐　本田靖春

戦後最大の誘拐事件。残された被害者家族の絶望、犯人を生んだ貧困、刑事達の執念を描くノンフィクションの金字塔！（佐野眞一）

責任　ラバウルの将軍今村均　角田房子

ラバウルの軍司令官・今村均。軍部内の複雑な関係、戦地、そして戦犯としての服役。戦争の時代を生きた人間の苦悩を描き出す。（保阪正康）

田中清玄自伝　田中清玄　大須賀瑞夫

戦前は武装共産党の指導者、戦後は国際石油戦争に関わるなど、激動の昭和を侍の末裔として多彩な人脈を操りながら駆け抜けた男の「夢と真実」。

戦場体験者　保阪正康

終戦から70年が過ぎ、戦地を体験した人々が少なくなる中、戦場の記録と記憶をどう受け継ぎ歴史に刻んでゆくのか。力作ノンフィクション。（清水潔）

東京の戦争　吉村昭

東京初空襲の米軍機に遭遇した話、寄席に通った話。少年の目に映った戦時下・戦後の庶民生活を活き活きと描く珠玉の回想記。（小林信彦）

私たちはどこから来て、どこへ行くのか　森達也

自称「圧倒的文系」の著者が、第一線の科学者に「いのち」の根源を尋ねて回る。科学者たちの真摯な応答に息を呑む、傑作科学ノンフィクション。

富岡日記　和田英

ついに世界遺産登録。明治政府の威信を懸けた官営模範器械製糸場たる富岡製糸場。その工女となった「武士の娘」の貴重な記録。（斎藤美奈子／今井幹夫）

ブルースだってただの唄　藤本和子

アメリカで黒人女性はどのように差別と闘い、生きてきたか。名翻訳者が女性達のもとへ出かけ、耳をすまして聞く。新たに一篇を増補。（斎藤真理子）

アフガニスタンの診療所から　中村哲

戦争、宗教対立、難民。アフガニスタン、パキスタンでハンセン病治療、農村医療に力を尽くす医師と支援団体の活動。（阿部謹也）

アイヌの世界に生きる　茅辺かのう

アイヌの養母に育てられた開拓農民の子が大切に覚えてきた、言葉、暮らし。明治末から昭和の時代をアイヌの人々と生き抜いてきた軌跡。（本田優子）

本土の人間は知らないが、沖縄の人はみんな知っていること　矢部宏治

普天間、辺野古、嘉手納など沖縄の全米軍基地を探訪し、この島に隠された謎に迫る痛快無比なデビュー作。カラー写真と地図満載。（白井聡）

女と刀　中村きい子

明治時代の鹿児島で士族の家に生まれ、男尊女卑や家の厳しい規律など逆境の中で、独立して生き抜いた一人の女性の物語。（鶴見俊輔・斎藤真理子）

新編 おんなの戦後史　もろさわようこ　河原千春編

フェミニズムの必読書！　女性史先駆者の代表作。古代から現代までの女性の地位の変遷を、底辺の視点から描く。（斎藤真理子）

被差別部落の伝承と生活　柴田道子

半世紀前に五十余の被差別部落、百人を超える人々から行った聞き書き集。暮らしや民俗、差別との闘い。語りに込められた人々の思いとは。（横田雄一）

証言集　関東大震災の直後　朝鮮人と日本人　西崎雅夫編

大震災の直後に多発した朝鮮人への暴行・殺害。芥川龍之介、竹久夢二、折口信夫ら文化人、子供や市井の人々が残した貴重な記録を集大成する。

遺言　石牟礼道子　志村ふくみ

未曾有の大災害の後、言葉を交わしあうことを強く望んだ作家と染織家。新しいよみがえりを祈って紡いだ次世代へのメッセージ。（志村洋子／志村昌司）

独居老人スタイル　都築響一

〈高齢者の一人暮し＝惨めな晩年？〉いわれなき偏見をぶっ壊す16人の大先輩たちのマイクロ・ニルヴァーナ。話題のノンフィクション待望の文庫化。

へろへろ　鹿子裕文

最期まで自分らしく生きる。そんな場がないのなら、自分たちで作ろう。知恵と笑顔で困難を乗り越え、新しい老人介護施設を作った人々の話。（田尻久子）

品切れの際はご容赦ください

解剖学教室へようこそ　養老孟司

解剖すると何が「わかる」のか。動かぬ肉体という具体から、どこまで思考が拡がるのか。養老ヒト学の原点を示す記念碑的一冊。（南直哉）

考えるヒト　養老孟司

意識の本質とは何か。私たちはそれを知ることができるのか。脳と心の関係を探り、無意識に目を向ける。自分の頭で考えるための入門書。（玄侑宗久）

錯覚する脳　前野隆司

「意識のクオリア」も五感も、すべては脳が作り上げた錯覚だった！　ロボット工学者が科学的に明らかにする衝撃の結論を信じられますか。（武藤浩史）

理不尽な進化　増補新版　吉川浩満

進化論の面白さはどこにあるのか？　科学者の論争を整理し、俗説を覆し、進化論の核心をしめす。アートとサイエンスを鮮やかに結ぶ現代の名著。（養老孟司）

身近な雑草の愉快な生きかた　稲垣栄洋　三上修・画

名もなき草たちの暮らしぶりと生き残り戦術を愛情とユーモアに満ちた視線で観察、紹介した植物エッセイ。繊細なイラストも魅力。（宮田珠己）

身近な野菜のなるほど観察録　稲垣栄洋　三上修・画

『身近な雑草の愉快な生きかた』の姉妹編。なじみの多い野菜たちの個性あふれる思いがけない生命の物語を、美しいペン画イラストとともに。（小池昌代）

身近な虫たちの華麗な生きかた　稲垣栄洋　小堀文彦・画

地べたを這いながらも、いつか華麗に変身することを夢見てしたたかに生きる身近な虫たちを紹介する。精緻で美しいイラスト多数。（小池昌代）

したたかな植物たち　春夏篇　多田多恵子

スミレ、ネジバナ、タンポポ。道端に咲く小さな植物は、動けないからこそ、したたかに生きている！　身近な植物たちのあっと驚く私生活を紹介します。

したたかな植物たち　秋冬篇　多田多恵子

ヤドリギ、ガジュマル、フクジュソウ。美しくも奇妙な生態にはすべて理由があります。人知れず花を咲かせ、種子を増やし続ける植物の秘密に迫る。

野に咲く花の生態図鑑【春夏篇】　多田多恵子

野に生きる植物たちの美しさとしたたかさに満ちた生存戦略の数々。植物への愛をこめて綴られる珠玉のネイチャー・エッセイ。カラー写真満載。

野に咲く花の生態図鑑【秋冬篇】　多田多恵子

寒さが強まる過酷な季節にあえて花を咲かせ実をつける理由とは？　人気の植物学者が、秋から早春にかけて野山を彩る植物の、知略に満ちた生態を紹介。

花と昆虫、不思議なだましあい発見記　田中肇／正者章子

ご存じですか？　道端の花々と昆虫のあいだで、驚くべきかけひきが行なわれていることを。花と昆虫のだましあいをイラストとともにやさしく解説。

増補　へんな毒　すごい毒　田中真知

フグ、キノコ、火山ガス、細菌、麻薬……自然界にあふれる毒の世界。その作用の仕組みから解毒法、さらには毒にまつわる事件なども交えて案内する。

熊を殺すと雨が降る　遠藤ケイ

山で生きるには、自然についての知識を磨き、己れの技量を謙虚に見極めねばならない。山村に暮らす人びとの生業、猟法、川漁を克明に描く。

私の脳で起こったこと　樋口直美

「レビー小体型認知症」本人による、世界初となる自己観察と思索の記録。認知症とは、人間とは、生きるとは何かを考えさせる。（伊藤亜紗）

ゴリラに学ぶ男らしさ　山極寿一

自尊心をもてあまし、孤立する男たち。その葛藤は何に由来するのか？　身体や心に刻印されたオスの進化的な特性を明らかにし、男の懊悩を解き明かす。

ニセ科学を10倍楽しむ本　山本弘

「血液型性格診断」「ゲーム脳」など世間に広がるニセ科学。人気ＳＦ作家が会話形式でわかりやすく教える、だまされないための科学リテラシー入門。

増補　サバイバル！　服部文祥

岩魚を釣り、焚き火で調理し、月の下で眠る――。異能の登山家は極限の状況で何を考えるのか？　生きることを命がけで問う山岳ノンフィクション。

いのちと放射能　柳澤桂子

放射性物質による汚染の怖さ。癌や突然変異が引き起こされる仕組みをわかりやすく解説し、命を受け継ぐ私たちの自覚を問う。（永田文夫）

イワナの夏　湯川豊

釣りは楽しく哀しく、こっけいで厳粛だ。日本の川で、また、アメリカで、出会うのは魚ばかりではない、自然との素敵な交遊記。（川本三郎）

品切れの際はご容赦ください

ちくま文庫

京都《きょうと》、オトナの修学旅行《しゅうがくりょこう》

二〇〇八年十月十日　第一刷発行
二〇二三年九月二十日　第四刷発行

著者　赤瀬川原平（あかせがわ・げんぺい）
山下裕二（やました・ゆうじ）

発行者　喜入冬子
発行所　株式会社　筑摩書房
東京都台東区蔵前二―五―三　〒一一一―八七五五
電話番号　〇三―五六八七―二六〇一（代表）
装幀者　安野光雅
印刷所　三松堂印刷株式会社
製本所　三松堂印刷株式会社

乱丁・落丁本の場合は、送料小社負担でお取り替えいたします。
本書をコピー、スキャニング等の方法により無許諾で複製することは、法令に規定された場合を除いて禁止されています。請負業者等の第三者によるデジタル化は一切認められていませんので、ご注意ください。
© AKASEGAWA Naoko, YAMASHITA Yuji
2008 Printed in Japan
ISBN978-4-480-42477-8 C0170